社会工作系列教程/主编　史柏年　罗观翠

社会工作实习

史柏年　侯　欣　编著

社会科学文献出版社

图书在版编目(CIP)数据

社会工作实习/史柏年,侯欣编著. —北京:社会科学文献出版社,2003.12

(社会工作系列教程)

ISBN 7-80190-071-5

Ⅰ.社… Ⅱ.①史…②侯… Ⅲ.社会工作—实习—教材 Ⅳ.C916

中国版本图书馆 CIP 数据核字(2003)第 072238 号

序

　　社会工作作为一种专业的助人活动和应用性的社会科学学科，其存在和发展的基本条件有二：一是市场经济一定程度的发展，既产生出多样化的福利服务的需求，又为专业的福利服务提供了雄厚的物质基础；二是对人的价值的普遍尊重，承认人的个别性，承认每一个人都有从社会得到专业服务的权利。

　　在计划经济年代里，我国的生产力水平较低，人们的社会需求停留在满足温饱的较低层次上，加之政府包揽了几乎所有的社会福利服务的具体事务，所以专业化的社会工作没有存在和发展的空间，社会工作专业教育也被取消达40年之久。

　　20世纪70年代末的改革开放，使我国逐渐走上了市场经济的道路。持久的高速的经济发展，使得国力逐渐增强，人民生活逐渐改善。人们在基本解决温饱问题后，产生出许多更高层次的社会福利服务的需求，而经济的发展也为这些需求的满足创造了条件；社会的急剧变革，使得社会问题以前所未有的速度和规模涌现，人们在享受经济发展带来的巨大利益的同时，希望专业社会工作的理论和方法，能使社会问题产生的社会动荡降低到最低限度；思想禁锢的解除，人的价值的提升，使人们意识到从社会获得高质量的福利服务是自己的基本权利；政府在机构改革和职能转变中剥离出来的社会福利服务的具体事务，需要有专业化的机构和人员来承接。所有这些变化，使专业社会工作在我国产生和发展成为必然。

在我国专业社会工作产生和发展过程中，社会工作教育走在了前头。20世纪80年代末，北京大学、吉林大学、厦门大学等几所高校率先开设了社会工作专业。20世纪90年代初，中国青年政治学院成立了我国（内地）第一个社会工作与管理系。自此，社会工作专业教育如雨后春笋般发展，目前约有百十家高校成立了社会工作系或开设了社会工作专业。

社会工作专业教育的快速发展，对社会工作专业教材的编写和出版提出了强烈的社会需求。作为全国第一家成立系级社会工作专业教育机构的中国青年政治学院，深感任务的紧迫和责任的重大。为满足本校和社会的需求，学院把编写社会工作专业系列教材作为重点科研课题列入学院的发展规划，并在财力有限的情况下，拨出专款支持系列教材的编写和出版。社会工作与管理系组织专门队伍进行教材编写，每一本教材都是编写者在多年教学经验基础上形成的理论知识的结晶。

国内社会工作专业教育的发展，得到国外和港台地区同行的大力支持和帮助。中国青年政治学院的社会工作专业教育，同样得到包括香港城市大学、香港理工大学、台湾东海大学、美国丹佛大学等国外和港台地区高校，以及香港基督教服务处、香港世界宣明会等机构的支持和帮助。

本系列教材得以出版发行，还有赖于社会科学文献出版社的支持。

在本系列教材出版发行之际，向所有支持国内社会工作教育事业的人们表示最诚挚的感谢。

史柏年

2003．2

目 录

第一章　社会工作实习的涵义和目标 …………………… 1
　第一节　社会工作实习的涵义 …………………………… 1
　第二节　社会工作实习的目标 …………………………… 16

第二章　社会工作实习教学的理论与原则 ……………… 28
　第一节　社会工作实习教学的理论 ……………………… 28
　第二节　社会工作实习教学的原则 ……………………… 61

第三章　社会工作实习的形式与内容 …………………… 88
　第一节　社会工作实习的形式 …………………………… 88
　第二节　社会工作实习的内容 …………………………… 113

第四章　社会工作实习中的角色与责任 …………… 137
第一节　社会工作实习模式之比较 ……………… 137
第二节　社会工作实习中的角色及其责任 ……… 143

第五章　社会工作实习督导 ………………………… 157
第一节　督导的含义和功能 ……………………… 158
第二节　督导者 …………………………………… 165

第六章　社会工作实习教学过程 …………………… 173
第一节　实习前的准备 …………………………… 173
第二节　实习教学的模式与方法 ………………… 177
第三节　社会工作实习的评估 …………………… 184

第七章　机构实习安排的过程 ……………………… 210
第一节　机构实习前的准备 ……………………… 210
第二节　机构实习的过程 ………………………… 218
第三节　机构实习中常遇到的问题 ……………… 240

附　录 ………………………………………………… 246

参考书目 ……………………………………………… 266

后　记 ………………………………………………… 268

第一章

社会工作实习的涵义和目标

第一节 社会工作实习的涵义

在社会工作专业教育中,实习与课堂教学一样,是专业教学计划的重要组成部分,是其他课程无法替代的学习模式。可以说,没有社会工作实习,就无法实现社会工作专业教育的人才培养目标。

既然社会工作实习具有如此重要的作用,那么,我们首先必须了解社会工作实习的确切涵义。

一 什么是社会工作实习

社会工作实习有广义与狭义之区别。广义的社会工作实习，是指学生在课堂之外参与的一切服务社会的专业实践活动；狭义的社会工作实习，是指学校有计划、有督导地组织学生到机构或社区中接受社会工作实务技能训练和价值观培养的过程。本教程大部分章节的论述，是在狭义社会工作实习的范畴中进行的，因为在这个意义上的社会工作实习，才称得上是社会工作专业教育的有机组成部分。但是在有的篇章的论述中，我们也探讨广义社会工作实习活动对社会工作专业人才能力和价值观培养的作用。

社会工作是一门应用性的学科，是实务性、操作性取向的专业，它同其他专业学科（社会学）相比较，更注重直接为人们提供的服务，而非纯粹理论和知识的探讨和研究。社会工作专业人才除了必须具备一般社会科学和社会工作专业的理论和知识之外，还必须树立社会工作的价值理念和掌握社会工作的方法技能。

因此，社会工作专业教育中的一个重要环节就是提供机会，让学生亲自参加社会工作的实践活动，在实践中体验如何运用理论原则；如何表现服务态度；如何选用方法技巧等。使学生能按照社会工作的规范要求,将在课堂上学到的理论知识转化为实际工作中的行动,将在课堂上掌握的价值观念内化为指导行动的意识,成为知、觉、行合一的专业人才。

美国社会工作教育家汉密尔顿(Hamilton)认为:社会工作实习是"在意识上有计划的一组经验,在实务情境中,让学生从最基本的了解、技巧和态度,到有自主能力的社会工作实务表现。"

台湾学者廖荣利认为:社会工作实习"旨在提供学生发展实务技巧之机会,在专业性督导下,能整合课堂上的理论架构与实地工作经验……透过模塑技术的运用,协助学生发展助人行为与独立能力。"

台湾东海大学曾华源教授认为:社会工作实习与其他课程一样,"是达成教育目标的一种手段","是一种较特殊的学习模式,有别于学校课堂上的知识传授,而是让学生有机会接触未来可能服务的情况,从中学习运用知识和技巧。"

中国内地学者陈良谨主编的《中国社会工作百科全书》把社会工作实习称为"野外实习",认为"它是衡量社会工作教育是否正规化的一个标志。""野外实习为社会工作学生提供了把课堂上所学的理论知识运用于和整合进实践,发展社会工作的认同感和承诺的宝贵机会。"

如上所述可知,社会工作实习是教育性取向的,是社会工作专业人才培养的一个必要手段。

二 社会工作实习的特性

社会工作实习的基本特性是学习。这一特性来源于社会工作专业教育的系统性和完整性。社会工作专业教育的目标是培养知、觉、行合一的专业人才,这一目标的实现一部分依赖于课堂课程的教学,一部分则依赖于课堂外的社会工作实习。社会工作实习虽然脱离了课堂,但它仍是一种学习,是一种较特殊的学习形式,是将课堂搬到机构、搬到社区,在实践中学习的模式。有鉴于此,社会工作实习应该是具有以下一些特征。

1. 一个深化学习的过程

在社会工作专业教育中课堂课程教学与实习教学在培养目标上并没有截然的区分,它们都是专业教育和教学的有机组成部分。一般说来,课堂课程教学在前,机构或社区实习在后,这种时间先后的安排只是教学规律所提出的要求,使学生首先通过课堂课程学习,了解和掌握社会工作的理论知识,确立初步的专业价值观和意识,然后通过实习将这些理论、知识、价值观和意识运用于实际工作,使之得到深化和巩固。这是一个学习过程的不同阶段,课堂课程学习为实践能力打下理论知识基础,实习教学使理论知识得以运用,转化为实践能力。实习活动虽然直接提供服务给社会及其成员,但实习的最终目的在于进一步训练学生的理论知识、专业态度和工作技能,而不是提供服务本身。

2. 一个情境学习的过程

课堂课程教学和实习教学虽然在目标上没有本质区别,但是在形式上毕竟有很大的不同。课堂课程教学主要是通过教师讲授的方式来达到教学目的,而实习则是通过情境学习的方式来实现培养的目标。所谓"情境学习",就是让学生走出课堂,走向社会,到社会工作的第一线,直接面对服务的对象,通过为社会和人们提供服务,来探究社会工作的理论和原则,来体验社会工作的价值和自我态度,来提升社会工作的方法和技能。这种学习经验是课堂课程教学所无法提供的,就像医学院的学生在课堂上学得了医学理论知识后,还必须经过医学临床的实习才能成为合格的医生一样,社会工作专业学生不经过情境学习的阶段,也无法成为合格的社会工作者。从这个意义上讲,"情境学习"也称"临床学习"。

3. 一个主动学习的过程

与学徒式训练那种不知而行的一招一式的模仿和传授不同,社会工作专业教育中的实习更注重学习者个人潜能的发挥。一般说来,在实习之前,学生对学习内容已经有了某种程度的概念和原理的了解,学生具有将原理运用于实务情境的冲动和兴趣。在实习中得到的体验和知识,以及对现实社会的认识和思考,又激励学生生发出回到课堂、回到书本进一步探究的欲望,如此由知到行、由行到知的反复,会不断诱发学生学习的兴趣和动力,培养学生的想像力和创造精神,从而成为学习过程的主宰者而非被动者。

4. 一个有督导的学习过程

社会工作实习强调学生个人主动性的张扬和发挥,但它并不因此而主张实习变成随意的无组织的经验积累,或是进行无目标的错误的摸索与实验。社会工作实习是一种有目的、有计划并配以督导的学习过程。社会工作实习督导是社会工作实习教学中最重要的环节。在实习过程中,学生在督导人员有计划的安排下,有目的、有步骤地学习如将何理论与实际相结合,如何将社会工作价值与技巧转化到为社会成员提供的实际服务中去。在这里,督导是保证实习有效进行的手段,如果没有有目的、有计划的督导,学生不但难以获得系统性的知识和必要的工作态度,还会因此而影响社会工作的专业权威和专业伦理,使社会工作专业和服务对象的权益均受到伤害。因此,为了同时兼顾学生的学习要求、专业教育的目标实现、服务对象的权益保障,以及社会工作专业权威和专业伦理的维护,实习教育就不能是放任式的学习,而应该是一种在督导手段保证下的有成效的学习。

社会工作实习学习导向的本质特征，使它与一般的志愿服务活动有很大区别。

在现实中，常常有这样的情况：社会工作专业教育机构即学校依赖社会福利机构或社区提供机会，派送学生到机构中实习，以完成专业教学计划；社会福利机构或社区指望学校派送学生到机构或社区参加社会志愿服务，以壮大社会志愿服务活动的声势。

这种做法看来是一个各方需要都能满足的好形式。因为就机构方面而言，接受社会工作专业教育的学生远比社会上一般的志愿服务人员更乐于和善于提供志愿服务，机构只需施予少许的训练，便可获得比较优质的社会服务成果；就学生方面而言，参与机构所组织的服务，可以获得课堂上难以实现的将理论知识应用于实践的机会；就学校而言，机构以志愿服务方式提供实习机会，可以容纳大量学生实习，学校不必为安排学生实习而犯难。

这种将实习教育与志愿服务相结合的办法似乎满足了学校与机构各自的需要，但实际情况不一定如此。

社会实践经验对于学生来说是十分重要的。为了增加对社会服务的了解和体验，学校应该鼓励学生参加各种志愿服务，引导学生在志愿服务活动中确立服务社会的价值观；调整服务社会的态度；掌握服务社会的技能。但是，志愿服务毕竟不能代替社会工作实习。因为志愿服务是以服务为导向、以任务为中心、以机构或服务对象的需求为目标的，它的活动内容较为单一，基本没有以学习为导向的训练和督导。虽然在某些时候，机构也会为志愿服务人员提供训练，但这种训练的目的在于使志愿服务人员能够有效地完成工作任务，而不是为了他们的专业成长，它不能完全满足社会工作学生专业学习的要求。相比较而言，社会工作实习的活动范围要比志愿服务活动宽泛得多，社会工作实习可以包括参加志愿服务活动，但绝不仅限于此。对于实习学生而言，机构的其他活动包括机构的日常事务都有参与的价值，因为这很可能就是他日后从事专业服务的工作环境和日常工作。社会工作实习的重要任务是学习。它的目标不在于当前为社会提供了多少服务，而在于学会以后怎样为社会提供服务。因此，实习学生应在实习过程中了解机构运行的机制；了解为社会成员提供专业服务的过程；检视自己的专业价值、专业方法和技巧等。这些目标的实现，并不是一般的志愿服务活动所能做到的，它必须依赖于有计划、有目标、有督导的社会工作实习环节才能达到。美国社会工作教育协会在社会工作本科大纲中对志愿服务与实习做了明确区分："志愿服务是教育训练功能上的附属物。学生应被鼓励参与志愿服务，以便能熟悉社会服务和社会工作所提供服务之类型。……虽然这些学习经验有真正价值,但是,不应该视为可替代以获得知识、态度和技巧为主的实习教育。"

社会工作实习学习导向的本质特征,使它与专职人员的岗位培训有很大区别。

机构专职人员也有经常接受岗位培训,不断学习新知识新技能的任务,尤其是新进机构的专职人员,更需要通过上岗培训,尽快了解机构政策与服务程序,以成为在专业上能真正独立自主的专职人员。但是,与专业人员的岗位培训相比,社会工作实习学生的学习需求要繁复得多。因为学生仅是一个专业角色的预备者,而非现实意义上的专业工作者,他的人格及工作能力尚未臻于成熟,需要通过实习进行自我探索和自我觉知,学习整合与运用专业知识,认识专业价值,建立专业意识,了解和学习尝试通过机构程序提供服务。由于实习学生缺乏经验,人格尚未成熟,自我认知和情绪控制能力不足,因此,在实习过程中心理压力会较大,产生的问题也会较多。这就需要像在课堂上对待学生一样对待实习过程中学生们的困惑,需要指派经验丰富的人员来担任实习学生的督导,把实习作为继续学习的过程进行组织和实施,切不可像要求专职人员那样去要求实习学生。

社会工作实习学习导向的本质特征,使它与最初的学徒式训练有很大区别。

社会工作专业教育是由学徒式训练发展而来的。然而，社会工作专业发展至今，已经脱离学徒式训练方式，而完全经由学校专业教育的过程，来选择和培养专业人才。

学徒式训练模式有优点也有局限。就学习的内容而言，学徒式训练大都偏向技术性，因此，学习内容较为实用和固定，学习的范围也局限在机构所提供的服务层面上。就学习的形式而言，通常是由机构指定固定负责训练的人带领，指定学习者从较简单的工作学起，经不断重复练习至熟练后，才逐渐增加复杂和难度较大的工作，最后根据经验来探究问题的原因和处理问题的办法。在这种训练的过程中，由训练者直接告之以工作方式和方法，很少引导学习者思考这样做的原因，更不允许对其必要性产生怀疑。因此，这种训练方式带有浓厚的模仿因袭的色彩。

与学徒式训练相比较，社会工作实习的内容较广泛，形式较灵活，更具主动性和创造性，不仅注重个人的自我认知和人格成熟，而且是通过寻求基本原则来学习工作技巧和程序。就是说，除了要了解"怎样做"和"做什么"之外，更重视探索基本原理，从各个不相同的个别情况中找出一般性或普遍的原则与概念，再将原则与概念推演运用到各种不同情况中去。在学习过程中，允许学习者有各自的看法、想法以及尝试自己想法的行为，诱发学习者的学习动机和兴趣，培养学习者的想像力和创造力。因此，学习者在学习过程中，并不是被动地接受各种经验，而是主动地根据自己的兴趣和需求学习，使个人的潜能得到自然的流露和发挥。

三　社会工作实习的意义

社会工作专业教育发展至今已有一百多年的历史，这一专业在世界许多国家或地区已经获得了支持和发展。因为社会工作已经具有了专业的权威性。这一专业权威最直接的来源，就在于它所提供的服务，能够满足服务对象的需求，并有效地解决问题。而这不仅仅只是专业有了一套系统化的理论体系就足够，更重要的是通过专业教育的过程，培养了大批有能力运用专业理论和知识，能为社会提供实际服务的人才。

目前社会工作已脱离学徒式的培训方式培养务实工作人员，而逐步转变为经由学校专业教育的过程来培养和训练专业人才。学校的专业教育一般都分为课堂课程教学和课外实习教学两个部分。课堂课程教学是学生掌握专业理论知识的重要途径，但这些理论知识大都仅停止在认知的层面上，无法保证学生能够进一步将其转化成专业所期待的服务能力，以及去除对社会工作专业服务上较不适当的感受和态度。因此，在社会工作专业教育过程中，除了课堂课程教学之外，还应该安排课堂外的实习教学，使学生除了接受理论知识外，还有机会尝试扮演专业服务人员的角色，一方面学习如何运用理论知识来提供服务；另一方面从中培养整合知、觉、行等各种素质能力于一体，使自己成为合格的社会工作专业人才。

实习教育是专业教育的重要特色之一。这一特色并非社会工作专业所独有。例如医学教育有实习医师制，护理教育有实习护士，师范教育有实习教师，法学教育有实习法庭，等等。可见实习教育是培养专业人才不可或缺的重要途径，对学生在专业的学习和成长上，有很大的影响。

斯坦（Steln）曾针对实习教育对社会工作专业人员培养过程的主要贡献进行过一次调查研究，结果发现研究对象完全同意实习经验比其他的专业教育课程还重要。他的研究从三个方面支持了这一结论：[①]

①关于社会研究、诊断和处置等方面能明确陈述出来的技巧，主要来自实习或实习与课程的配合。只有少数学生认为来自课堂课程。而其他方面的学习，诸如专业关系的运用、社会资源的运用、心理问题的直接处置等，实习为惟一来源。②专业人员的自我觉知完全来自实习。③实习有助于了解机构的组织与结构。

除了国外的研究之外，台湾、香港的学者也有相同的研究

---

① 参见曾华源：《社会工作实习教学——理论、实务与研究》，第3页，台湾五南图书出版公司，1987。

发现，都说明了实习教学对于学生运用理论知识能力的提高，对于学生专业价值观的确立和专业态度的调整，对于学生自我认知的加深，对于学生专业学习动机的激发，都有很大的影响作用。

正因为如此，世界各国及地区社会工作教育机构都十分重视社会工作的实习教育，不仅把实习当作社会工作专业的必修课程，而且在时间安排上也都有强制性的严格规定。一般说来，大学本科层次的社会工作专业人才，要经过大约800小时的专业实习训练。专科层次的社会工作专业教育，因为主要为一线输送应用性人才，所以更强调实习训练的强度，实习训练几乎占全部课时的50%，可见实习对于社会工作专业教育而言，地位和作用是十分显著的。

我国教育部高教司1998年编印颁布的《普通高等学校本科专业目录和专业介绍》，对各专业实习教学环节都提出了指导性意见，如哲学、经济学、社会学、政治学等一些文科类专业一般要安排6~12周的实习时间，而对社会工作专业的实习时间则要求达到14~16周。按照目前我国实行的每周5天工作制计算，本科社会工作专业的实习时间要达到560~640小时，虽然离800小时的国际标准尚有一些差距，但同其他一些专业相比，实习安排的时间要求还是较高的。

据不完全统计，目前中国内地开办社会工作专业的高等院校和中等专业技术学校已超过100家，这些院校普遍对学生的专业实习予以了充分的重视。但是由于实习机构、实习督导、实习经费等条件的限制，一些学校在实习次数安排、实习时间要求以及实习形式和内容方面都有不同的做法，尤其在实习时间要求上表现出较大的差异（见表1）。

表1　各院校社会工作专业实习教学安排情况统计表

院校名称	培养层次	实习安排学期	实习总时间（天）	实习形式		实习内容	
				集中实习	同步实习	机构服务	社会调研
北京大学	本科	2.3.6.7	60	*	*	*	*
厦门大学	本科	5.7	110	*	—	*	*
吉林大学	本科	3	30	*	—	—	*
郑州大学	大专、本科	4	30	*	—	*	—
中国青年政治学院	本科	4.8	104	*	—	*	*
南京师范大学	大专、本科	8	30	*	—	*	*
武汉大学	本科	6	60	—	*	*	—
中华女子学院	大专、本科	2.4.8	100	*	*	*	*
华东理工大学	大专、本科	1~8	75	*	*	*	*
苏州大学	本科	—	—	*	—	*	*
华南农业大学	本科	—	—				
辽宁大学	本科	7.8					
南京大学	本科	—					
南京理工大学	本科	4.8	90				
清华大学	本科	—	11	*	—	—	—

第一章　社会工作实习的涵义和目标

续表 1

院校名称	培养层次	实习安排学期	实习总时间（天）	实习形式 集中实习	实习形式 同步实习	实习内容 机构服务	实习内容 社会调研
安 徽 大 学	本科	2.4.6.8	84	＊	＊	＊	＊
云 南 大 学	本科	3.5.6.7	65	＊	—	＊	—
南 开 大 学	本科	3.5.7.8	80	—	＊	＊	＊
中国工运学院	本科	—	—	＊		＊	＊
贵 州 大 学	本科	3.5.7	140		＊	＊	＊
民政部管理干部学院	大专	3.4 或 5.6	60	＊	＊	＊	＊
中华女子学院山东分院	大专	4	45	—	＊	＊	＊
长沙民政职业技术学院	大专	6	60	＊	＊	＊	＊
辽宁商务职业学院	大专	2.3.4.5.6	140	＊	＊	＊	＊
大连管理干部学院	大专	2.3.4.5.6	90	＊	＊	＊	＊
北京青年政治学院	大专	2.3.4.5.6	25	＊	＊	＊	＊
天津青年职业技术学院	大专	—	—	＊		＊	
海淀走读大学	大专		217	＊		＊	＊
上海工会管理干部学院	大专	—	—	＊		＊	＊
上海青年干部管理学院	大专	3	30	＊		＊	＊
浙江青年学院	大专	7	—	—	＊	＊	
重庆民政学校	大专、中专	8	17	＊		＊	＊
北京市妇女干部学校	中专	6	100	＊	—	＊	＊
青 岛 市 团 校	中专	5.6	150	＊	—	＊	＊
河 南 省 团 校	—	5		＊		＊	

资料来源：根据 1999 年 11 月 21～24 日召开之"中国社会工作教育协会第二届年会暨面向 21 世纪的社会工作教育研讨会"所做问卷调查情况汇总。

注：有 ＊ 号标志的表示该校有此项实习。

第二节 社会工作实习的目标

教育教学目标是教育教学活动的灵魂和指针,教育教学活动是实现教育教学目标的手段和过程。

社会工作实习教学是否有成效以及成效的大小,首先取决于社会工作实习教学是否有目标,以及目标订立的是否科学可行,这是因为实习教学的目标对实习的形式、内容、时间、次数、督导要求以及学生的实习态度等都会产生直接或间接的影响。

一 关于社会工作实习目标的讨论

社会工作专业教育发展过程中,专家学者们囿于不同国家地区、不同时期的不同情况,对社会工作实习目标的侧重点,有过不尽相同的意见。

1. 强调专业意识培养为实习主要目标的意见

陶利(Towle)为这一意见的倡导者。他认为:实习"是督导者经由直接或间接的教学法,使学生表现出社会工作的一体感;即方法、目标、价值和伦理的整合,灌输学生愿意成为专业团体的一分子。"[①] 并且强调:"只有经由认同社会及专业的意

---

① 参见曾华源:《社会工作实习教学——理论、实务与研究》,第32~34页,台湾五南图书出版公司,1987。

识,学生行为才能符合专业理想和伦理系统,并且依照机构规章行事。"

2. 强调实习重在培养学生科学态度和技能的意见

福因斯通(Flnestone)认为实习课程必须具备科学性要素,而这些要素体现在学生所要学习的四个目标中:[①]

——学得喜爱科学的态度;

——获得科学性探索问题的训练;

——发展概念化思考能力;

——连接科学性探索问题和人类福利两者的价值观。

3. 强调实习的主要目标在于培养学生社会工作方法技能的意见

玛丽费尔德(Merrifield)认为实习的目标有:[②]

——促成学生认同整个专业;

——学生自我觉知和专业自律;

——催化和整合学自课堂上的知识、态度和技巧;

——发展学生对社会工作方法的认识;

——发展学生初层次的能力;

——促使学生学习社会工作方法。

[①] 参见曾华源:《社会工作实习教学——理论、实务与研究》,第32~34页,台湾五南图书出版公司,1987。

[②] 参见曾华源:《社会工作实习教学——理论、实务与研究》,第32~34页,台湾五南图书出版公司,1987。

马斯通（Maston）认为实习是有计划地协助学生：[①]

——获得第一手知识和更了解社区福利的网络；

——能正确了解像犯罪、贫穷、住宅、个人、家庭和社区心理疾病等问题所带来的影响；

——整合运用知识和理论；

——培养在各种社会福利领域中共通的技巧；

——分析和了解个人的价值取向，对人的感受，以及人们带来机构的问题。

4. 综合性实习目标的意见

希沸和詹金斯（Sheafor&Jenkins）在20世纪80年代对北美社会工作实习课程的目的、架构和任务，做一综合的回顾与检视，并对社会工作实习教育的使命提出全面诠释。[②]

他们一再肯定实习督导是社会工作教育极其重要和不可或缺的部分，认为实习督导是以经验性的教与学的方式，使学生们能够：

——有意识地把选择过的知识和理论应用于实务情况；

——建立对实务技巧的信心和能力；

——在社会工作价值与伦理道德的参考架构下提供服务；

[①] 参见曾华源：《社会工作实习教学——理论、实务与研究》，第32～34页，台湾五南图书出版公司，1987。

[②] 参见曾华源：《社会工作实习教学——理论、实务与研究》，第32～34页，台湾五南图书出版公司，1987。

——建立对社会工作实务专业的承担；

——逐渐建立一套与本身长处与能力吻合的个人实务风格；

——建立在社会服务机构执行工作的能力。

二 社会工作实习的理想目标

受20世纪80年代北美学者倡导的社会工作实习综合性目标的影响，我国台湾、香港地区社会工作教育院校，在实习课程的设计方面，除了安排上或形式上有某些技术性差异外，基本上与希沸和詹金斯提出的目标和方向相吻合。他们坚持实习教育一贯的理想，就是在认知、价值、感性和行为上尽量装备社会工作学生，培养他们成为成熟、自信、对人类充满感情，有独立思考和判断能力并掌握助人技巧的合格的社会工作者。

台湾东海大学曾华源教授根据上述学者的主张，把社会工作实习教学的目标归纳为以下五个方面：①专业知能；②专业自主；③专业自我；④专业认同；⑤专业成长。[①] 这是对社会工作实习教育理想目标的精练概括，我们对其中包含的丰富内容做如下详述。

1. 专业知能

专业知能即专业理论知识和专业工作技能的统称。把这两

[①] 参见曾华源：《社会工作实习教学——理论、实务与研究》，第34页，台湾五南图书出版公司，1987。

种人才结构的要件放在一起作为实习教育的目标之一加以规定，为的是强调对学生在理论知识和工作技能两者间整合能力的要求。社会工作不同于一般志愿性的助人活动，它是以利他主义为指导，以科学的知识为基础，运用科学的方法进行的助人服务活动。在这里，"科学的知识"和"科学的方法"是它与一般志愿性的助人活动相区别的特质。因此，社会工作专业教育的目的就不仅仅是教会学生有关社会工作的理论知识，也不单单是训练学生进行服务的工作技能，社会工作专业教育的目的是培养知、觉、行合一的专业人才，而实习恰恰是为学生提供一个将理论与实务相结合，将理论知识转化为工作技能的途径和机会。从这个意义上可以说，实习教育的目标之一，就在于协助学生把课堂课程学到的理论知识转换到实务工作情境中去运用，分析和评估服务对象的需求与自己的专业工作情况，将理论与实务整合起来，从而加深对理论的认识，体会如何在实务工作情境中运用理论，并在实践中促进新的学习。理论与实务的整合过程，不是简单的"理论+实务"的过程，而是一个新的学习过程（马凤芝，1999）。在实习过程中，学生逐步体会、消化课堂课程所学的理论知识，从而将价值、理论、技巧内化到自己的意识和行为中去，并通过具体的实务工作表现出来。同时，实习情境所提供的丰富的素材和理论资料，可以刺激、启示学生进行新的学习。一方面，提供实际服务的成就感和满

第一章 社会工作实习的涵义和目标

足感会激发学生加深理论知识学习的动机,促使他们回到课堂将实习中机构补充的理论资料归纳梳理成成体系的理论知识;另一方面,实习中得到的感受和遇到的问题,可以激发学生对过去学得的理论知识提出挑战和质疑,可以让学生发展和重新厘定他们对人类行为本质、社会结构和社会政策等等知识的认识和理解,从而对理论知识开始新的更深入的学习。

2. 专业自主

专业教育的目标之一,在于教导学生成为一位具有独立自主,而不是一味遵从和盲目崇拜专业原则的从业人员。社会工作是帮助人和解决社会问题的专业,由于服务对象的多样性,服务需求的多元性以及社会问题的复杂多变性,专业教育所能给予的只是提供服务和处理问题的一般性原则、方法和技巧,而不可能教会学生应对所有对象、所有需求和所有问题的现成方案。因此,专业上独立自主意识和能力的培养就成为专业教育非常注重的目标之一。所谓专业自主,就是要求一位在专业上独立自主的实务工作者,不仅能有计划地安排工作和解决问题,而且有其内在动机和独特的思考方式,以科学方法分析问题,寻求解决和预防问题的策略,以有效应对动态的社会情境和多样化的服务需求。对于专业社会工作来说,遵从专业伦理、原则和运用专业方法技巧去从事帮助人和解决社会问题的活动固然重要,但更为宝贵的是应具有创造性的思考和判断意识及能力,这种思维方式超越了个人习惯性的思维形态,是以专业价值和理论为指导的独立自主的创造性思考。这种思维方式的养成,使从业人员有能力在广泛的价值、知识和技巧中做出适当判断,并抽引出适用的价值、知识和技巧来为对象提供适当的服务;同时,也能够帮助从业人员在掌握和运用原有的工作原则、方法和伦理体系时,发展形成适应新变化的新的操作原则和伦理体系。福因斯通(Fineston)强调指出:社会工作实习教育"不在制造门徒,而是在专业模式上认同。但是此种认同应该是成熟且经过选择的。是让学生有批评性思考与独立行动的机会而获得的。"(1955)实习的重要目标即在于提供机会让学生验证他们的观念,鼓励学生进行批判性思考,善于发现问题和提出问题,从具体的提供服务过程中以及实际资料中自主地寻找答案,而不是一味地遵从教条和循规蹈矩。在实习过程中,督导者要让学生有充足的机会,去验证既有的理论知识,去寻找独特的经验,以此为途径培养独立思考和成熟判断与行动的能力。

3. 专业自我

社会工作是人与人的互动过程,其中的帮助者和受助者都是在一定社会制度下并具有一定文化背景的人。是人就会有自己的情绪、态度和价值观,这些心理和意识层面的现象往往具有主观色彩,没有受过专业训练的人员,这些心理活动和意识观念的主观色彩越发浓厚。但是，如果在与他人的互动过程中坚持自己的价值观和意见，或者不加控制地流露自己的情绪，就难以与自己的服务对象建立起良好且适当的专业关系，就难以有效地开展助人活动。因为坚持自己的价值观或意见，而自己又没知觉这些价值观或意见的存在，就会在与人互动过程中产生许多不适当的感受、态度和行动。例如，不赞成堕胎、离婚、同性恋等行为的人，在遇到有此类行为的求助者时，就会产生厌恶或生气的感受，这类不适当感受会阻碍对他人的了解和接纳，当然也谈不上从客观的立场出发帮助了解问题。

因此，一位专业社会工作者在实务工作中不能只是盲目地去做，他必须明白自己在做什么以及为什么这样做。在涉及复杂的人际关系时，他必须先对自己和自己对过程的影响有清晰的了解。这时，除了以专业知识作为行动表现评估的基础外，也要探索个人内在心理尤其是情绪反应的可能影响因素，因为情绪反应是人际关系的核心，是执行工作时最重要的因素。因此，专业人员提供服务时，必须有意识的使用"自我"即以与专业角色相配的"自我"来和服务对象建立专业关系，控制不适当的感受、态度与偏见，保持客观性和表现适合角色身份的行为。

有意识地使用"自我"、客观性和同理心是专业自我的要素。专业自我的养成与自我觉知有密切的关系。自我觉知主要包括：了解自己行为的主观性、对自己的感受敏锐并能洞悉行为背后的影响因素；能够觉察自己的价值观和个人需要与外在环境和角色的需求；分辨自己或他人的感受、态度和需求，以及行为背后的动力。有了这些了解就能较好地控制和较适当地表达情绪和行为，而不会盲目地把自己的内在需求和偏见，投射到别人身上，也能较坦诚地接纳自己认为不适当的他人行为。

增进自我觉知有多种途径：一是通过自我反省来了解自己的个性、价值观、情绪、习惯、社会角色和行为反应等；二是借经验来减少主观性，即通过亲身经历某件事，体会或深入了解问题或行为背后的影响因素，使自己较容易接纳他人的行为；三是通过外部刺激，如倾听他人意见、接受他人的反馈等方式来增进专业自我。社会工作实习的一个重要目标，就是提供机会让学生与服务对象在互动中自省与了解自己的价值观、态度和偏好。同时，也有机会通过老师的督导和实习教学上的讨论来接受外部的刺激，以增进自己心理和行为的宏观性，如哥特纳（Gartner）所强调的那样：实习上的教学虽然是在协助学生发展工作技巧，但是更重要的是在影响社会工作学生的态度、情感、哲学思想及发展成熟。

4. 专业意识

社会工作专业意识是指专业人员对社会工作价值的认同，

对社会工作伦理守则的遵从以及对社会工作理想和责任的承诺。

"社会工作是一个以价值为本的专业。它不仅是做事情的一种方式,而且是关于做什么事情是有价值的和它应该如何去做的准则。"(列维,1976)就是说,价值作为社会工作的灵魂,它的重要性不仅在于它界定社会工作本身的目标和意义,而且在于它同时界定社会工作的技巧和方法,机构的项目、目标和社会工作者的行为和态度(夏学銮,1999)。因此,培养专业意识,树立专业价值观是社会工作专业教育中重要的一环。相对于知识的传授和技巧的训练,价值观教育常常被放在首位,因为如果没有对社会工作价值的认同,没有对社会工作伦理守则的遵从,没有对社会工作理想和责任的承诺,再好的知识与技巧也是没有意义的,而且,脱离了专业意识和专业价值观的知识和技巧,很难称得上是好的知识和技巧。专业意识培养和价值观教育贯穿社会工作专业教育的整个过程。课堂课程教学给予学生有关社会工作专业价值观及专业理想的概念,实习教学则提供机会,让学生将理论概念层次上的价值认同转变为实际工作中的价值体验,能在与服务对象互动的真实情境中,分析和探索自己行为表现内在的感受和价值取向,并与专业价值观、机构的价值观或社区的价值观进行比较,进而觉察和了解自己的内心冲突以及自己和外在环境的价值冲突的可能性。经验表明,只有通过个人在现实情境中所体验到的矛盾和斗争,才能在情绪与认知上逐渐学会如何通过分析和评估自己的工作情境，来比较个人、机构、专业和社会间的价值异同，才能做出价值上的选择，肯定或改变自己原有的价值观，而去认同专业价值观，进而对专业伦理守则有所遵从，对专业理想和责任有所承诺。

5. 专业成长

专业成长可以从社会工作专业整体和社会工作者个人两个方面考察。这里所说的"专业成长"是从个人角度而言的，意思是指通过社会工作实习教学，使学生了解继续学习知识和技术以及不断完善人格的重要性，为日后个人的进步和发展打下良好的基础。

社会环境和需求是经常发生变化的，社会工作专业也必须应对这种变化而随时谋求进步和改善，如陶利所认为的那样：社会工作"不只是在发展他的特殊能力，而且要他有继续学习的心，以便应对社会和专业的变动"。社会工作专业教育的理想目标是培养其从业人员在知、觉、行等三方面的整合，以便能为人们提供有效的服务。但是社会环境和需求的变化要求社会工作专业的理论知识和方法技巧以及价值都能不断发展，因此学校期间的专业教育不可能提前教会学生适应未来变化的新的理论知识和不断完善人格的意识与方法。实习教学是促成学生认识专业成长的重要途径。在学习服务社会的实习情境中，学生将体会到广博精深的专业知识、熟练的技巧、成熟的态度与情绪是确保服务成效的重要因素，从而激发专业成长的欲望，除了培养起对新知识的追求学习的兴趣外，还能养成不断反省自己工作表现的习惯，能为将来在不断变化的社会环境中，促进专业知识和技巧的进步和个人的成熟。

第二章

社会工作实习教学的理论与原则

第一节 社会工作实习教学的理论

社会工作实习的基本特性是学习,社会工作实习教学的主要功能就是协助学生学习。教和学作为一种人与人的互动的社会过程,有其内在的客观规律可以遵循。在人类社会的发展历史中,人们对自身的学习过程进行过大量的观察和研究,形成了许多揭示认识世界和习得技能的规律的学习理论。社会工作专业教育作为一个进入工业化现代社会才形成发展起来的教育领域，受到现代教育学、心理学理论很深的影响，社会工作实习教学也从许多教育心理学家所提出的学习理论以及由此引申出来的教学原则和方法中，得到很大帮助。

一　国外学习理论之述评

学习是教育心理学的主要研究课题。国外心理学家们对此做了许多实验研究，主要探究诸如学习是怎样产生和进行的，影响学习的因素是什么，学习的结果受什么样的规律制约等问题。由于学者们各自的立场、观点不同，所采取的方法和所依据的材料不同，因而提出了不同的观点，形成了众多的学习理论。1948年，美国心理学家希尔加德（E.R.Hilgaid）在其名著《学习理论》中，将当时流行的众多学习理论归为两大类：联想理论和场论。后来许多心理学家都沿用这种分类法。随着研究的发展，有人又把这两种体系的学习理论称为："联结——行为主义学习理论"和"格式塔——认知学习理论"。到了20世纪60年代，有些心理学家采纳不同理论的相对优点，走综合的道路，出现了学习理论的中间派："联结——认知理论"。同时，还出现了"第三种力量——人本主义心理学的学习理论和教学观"。

1. 学习的联结理论

联结理论也称行为主义的学习理论，其主要观点在于将学习的历程看做是刺激与反应之间建立一种新的联结方式。

联结理论的代表人物和有关理论很多，其中最具代表且至今仍有较大影响的是桑代克和斯金纳的学习理论。

①桑代克的联结说。桑代克（E.L.Thormdike）1874 年生于美国马萨诸塞州，1896 年开始从事动物学习实验，被认为是动物心理学实验的创始人之一。

第一，实验。桑代克的学习理论是直接从他所做的以鱼、鸡、猫、狗和猴子为被试的实验结果中形成的。其中最著名的是对猫的实验研究。在实验中，他将饥饿的猫关进由铁丝或木条做成的迷笼中，以笼外的食物作为逃出迷笼的奖赏，笼门能由拉动的线或门环，或由转动的门闩而打开。桑代克发现，关进迷笼的猫起初觉得好奇，表现探索的行为，久之觉得无奈，便胡乱走动，在盲动中偶然间触及门环或门闩，笼门打开便可出笼取食。在之后反复的实验中，桑代克发现猫的盲目动作逐渐减少，碰触门环或门闩的动作逐渐增加。最后，猫一进迷笼即能碰触门环或门闩出笼取食。

第二，主要理论。桑代克由动物实验研究中得出结论，认为动物的学习是一种渐进的、盲目的、尝试与错误的过程。随着错误反应的逐渐减少，正确反应逐渐增加，终于形成固定的、稳固的刺激——反应的联结。在此基础上，桑代克提出了三条基本的学习规律，五项辅助的学习原则和一个学习迁移的原理，形成了一整套比较系统的学习理论。

三条基本的学习规律是：

第一，准备律。准备律指当个体心理与生理上有准备时，所表现的行为通常较令人满意；反之，若在未准备状态下，则学习结果多半不尽如人意。这一规律告诉我们：作为整体的有机体方面的预备状态是影响学习的一个重要条件。

第二，练习律。桑代克认为，刺激与反应间的联结会因重复或练习而强化；相反，刺激与反应的联结会因荒废而削弱。他把练习律分为两个次律：一是应用律："一个已形成的可以改变的联结，若加以应用，就会使这个联结加强。"二是失用律："一个已形成的可以改变的联结，如不应用，就会使这个联结削弱。"

第三，效果律。桑代克指出："在情境（即刺激）与反应之间建立可以改变的联结时，并发或伴随着满意的情绪，联结力量就增强；在建立可以改变的联结时，并发或伴随着烦恼，联结力量就削弱。"就是说，当刺激与反映的联结受到奖励，联结就会加强；当刺激与反应的联结受到惩罚，联结就会削弱。后来通过大量实验，他还发现，赏和罚的效果并不相等，赏比罚更有力。

除了上边三条主要规律外，桑代克还提出五条辅助学习律，也称五条学习原则：

第一，多重反应律。也称多重反应原则，即指学习者在学习过程中，对于同一情境（刺激）先后可能发生多种多样的反应。当一种反应不能适应外在情境时，学习者就会触发、产生另一种新的反应，一直到某一反应最终导致满意。

第二，定势律。也称心向和态度原则，即指学习者的内部情况影响学习的进行和效果。学习者的态度在决定他的行动和成功等方面具有一定的意义。心向或从事活动的意向（态度）对于反应的始发是重要的，并间接地对于学习的效果也是重要的。

第三，优势要素律。也称反应的选择性原则，即学习者对情境中的某些因素具有选择性反应的倾向。这种反应的选择性与分辨能力有关。不善于辨别情境中众多因素的主次，就不能获得好的学习效果。

第四，类化反应律。也称同化或类比的原则，即指学习者对于各种类似的情境有发生同一反应的倾向，即学习者能从已有的经验中抽出或辨别出它与新情境的相同因素并做出类似的反应。

第五，联想转移律。也称联想交替的原则，指的是在替代性的学习情况下，如果甲、乙两种情境或两个刺激经常共同先后出现，并且受到学习者的注意，那么，以后刺激甲出现，也可引起本来只能由刺激乙所激起的那一种反应。

此外，桑代克还提出了"相同因素说"的学习迁移理论。桑代克通过大规模的实验研究认为：学习迁移之所以能产生，这是由于两种学习情境之间存在着共同成分或因素，共同成分愈多，一种学习愈能对另一种学习产生迁移。共同成分不仅包括刺激物方面，也包括反应方面存在的相同或相似之处。

桑代克的学习联结理论对教育思想的影响是很大的。他提出的联结说是教育心理学史上第一个系统的教育心理学理论，其中的主要学习定律激起了后来许多心理学家的大量研究，一直是学习心理学中最重要的争论点和研究的主要课题，他在教育心理学领域的创造性的贡献和地位为心理学家们所公认。但是，桑代克的学习理论基础是机械的。他以生物学的观点把从动物实验得出的"尝试与错误"的学习过程援引到人的学习上，认为人的学习只是在量的方面复杂化了，与动物的学习没有根本的区别，抹煞了人及其学习的社会性，否认人的学习的主观能动性。

②斯金纳的操作性条件反射说。斯金纳（B.F.Skinner）1904年生于美国宾夕法尼亚州，几十年来一直在实验室做实验研究，是美国当代著名心理学家，现代行为主义的首领，其关注的主要问题是怎样用奖励的手法来调整行为的问题。

第一，实验。斯金纳用以研究动物学习的实践装置称为斯金纳箱。该装置是在迷箱内装一个小杠杆，小杠杆与传递食物丸的机械相钩连。当实验动物白鼠或鸽子关进箱子后，偶然间按压杠杆或啄到键孔时，就会有食物丸落到食盘，动物就会吃到食物。当动物再次按压杠杆或啄到键孔，第二粒食物丸又会落下被动物吃到。几经反复，动物逐步减少多余的错误动作而直接按压杠杆或啄键孔取食，于是便形成了条件反射。

第二，主要观点和理论。首先，有机体存在两类行为和两类条件反射。斯金纳认为有机体的行为可分为两大类：一是应答性行为，由已知刺激所引起；一是操作性行为，由有机体自由发出。斯金纳又认为，条件反射也存在两种类型：即刺激型条件反射和反应型条件反射。前者适用于应答性行为；后者适用于操作性行为。斯金纳重视的是先作用于环境然后产生一定结果的操作性行为，认为人类的多数行为本质上是属于操作性的，认为操作性行为更能代表实际生活中的学习情境。

其次，强化理论。斯金纳指出，操作性行为形成的重要手段是强化。一个操作发生后，接着呈现一个强化刺激（食物或其他奖励），这个操作的强度（概率）就增加。由于他把强化看成是增强某个反应概率的手段，于是他把强化看成是塑造行为和保持行为强度不可缺少的条件。他认为，直接控制强化物就是控制行为。分数、教师的口头表扬或物质奖励，都是激励（控制和调节）学生学习行为的强化手段，这些强化刺激无论是立即的、经常的或是延缓的，都能发生作用。

在斯金纳看来,"教育就是塑造行为,塑造在不久的将来会对个人和别人有利的行为。"成功的教学和训练就是不断分析强化的效果和设计精密的操作过程的技术。据此,他提出了程序教学的建议。

再次,程序教学。所谓程序教学,是指将要让学生学习的教材,编制成某种有逻辑联系的程序,然后借助教学机器向学生进行教学。其基本步骤如下:

一是要把教材分成具有逻辑联系的"小步子";

二是要求学生对每步所学的内容都做出积极的反应;

三是对学生的反应要有及时的强化(反馈);

四是学生在学习中可以根据自己的情况自定步调,学习进度不要求一律;

五是力求使学生有可能每次都做出正确的反应,使错误率降到最低限度。

斯金纳的操作性条件反射说、强化理论和程序教学建议,在理论上,对前人的见解有所创新和发展,但是,他把意识排除在科学研究之外,不承认人类学习有其独特的属性,否认人的学习意识特点,因而,在理论上是形而上学的。

2. 学习的认知理论

认知是指认识的过程以及对认识过程的分析。认知过程包括感知、领悟和推理等几个独特的阶段。学习的认识理论兴起于德国,发展于美国。认知派理论家认为学习在于内部认知的变化,学习是一个比刺激——反应联结要复杂得多的过程。他们注重解释学习行为的中间过程,即目的、意义等,认为这些过程才是控制学习的可变因素。认知派的学习理论及其代表人物很多,其中最著名且具代表性的有以下一些。

①克勒的顿悟说。学习的认知理论起源于德国格式塔心理学派的完型理论。"格式塔"在德语中意指"完型",是指被分离的整体或组织结构。格式塔心理学是以反对冯特的元素主义心理学,强调心理的整体组织为其基本特征的。它认为每一种心理现象都是一个分离的整体,是一个格式塔,是一种完型。人脑对环境作组织的反应,提供一种组织或完型,即顿悟,其作用就是学习。格式塔心理学的创始人是德国心理学家魏特墨(M. Wertheimer)、科夫卡(K. Koffka)和克勒(W. Kohler)。

克勒从1913~1920年,在任大西洋东北部的加纳利群岛的类人猿研究站站长期间,完成了著名的关于黑猩猩解决问题的实验,发展了用顿悟进行学习的概念,其主要观点是:

第一,学习是组织、构造一种完型,而不是刺激与反应的简单联结。他认为学习过程中解决的问题,都是学习者通过对情境中的事物关系的理解而构成一种完型。如实验中猩猩就是理解了手杖或木箱及水果之间的关系构成完型后取得水果而解决问题。无论是运动的学习、感觉的学习和观念的学习,都在于形成一种完型。

第二,学习是顿悟,而不是通过尝试错误来实现的。克勒认为学习不是由于盲目的尝试,而是由于出现了"完型",是由于对情境的领悟(即顿悟)才获得成功的。所谓"顿悟"就是突然地理解或领会到自己的动作是为什么目的和怎样进行,领会到自己的动作和情绪,特别是和目的物的关系。由于学习者在学习情境的观察中加深了理解,既能保持好,又能灵活运用,这是一种对问题的真正解决,与试误的偶然的解决是不一样的。

第三,刺激与反应之间的联系不是直接的,而是以意识为中介的。学习的联结理论或行为主义的学习理论都是以设想刺激与反应间的直接联系为基础的,由此,他们把行为看成是被动地由环境直接支配的。而完形派认为刺激与反应之间的联系不是直接的,而是以意识为中介的。

格式塔心理学的学习顿悟说有辨证的合理因素。它在强调感知、观察、理解等的作用上,对学习理论是有积极贡献的。它肯定了意识的能动作用,强调了目的和意识在学习中的作用。在反对机械主义学习理论方面有突出贡献。但是,格式塔心理学在强调意识作用时,把学习看成是先验的机能,这是错误的,是主观唯心主义的。此外,它在肯定顿悟的作用时,把试误看做全无意识而否定,这也是不对的。

②托夫曼的认知——目的说。托夫曼(E.C.Tolman)是美

国心理学家。他受行为主义理论和格式塔心理学的影响，形成了他自己所独有的认知——目的说。主要观点有：

第一，一切学习都是有目的活动。托夫曼认为，学习是有目的的。学习者的学习行为显而易见地受目标的指导，具有目的性。在托夫曼看来，学习就是期待的获得，学习者有一种期待的内在状态，推动学习者对达到目的的环境条件产生认知。有机体的行为都在于达到某个目的，并且在学会达到目的的手段。

第二，达到目的的手段或途径是对环境条件的认知。托夫曼认为，有机体的学习不仅具有目的性，而且具有认知性。因为有机体在达到目的的过程中，会碰到各种各样的情境和条件，它必须对这些情境和条件因素进行认知，才能学会达到目的的手段，并利用掌握的手段去达到学习的目的。在托夫曼的学习理论中，目的和认知是两个重要的中介变量。

第三，提出"潜伏学习"的概念。在托夫曼看来，外在的强化并不是学习产生的必要因素，不强化也会出现学习。他发现，动物在未获得强化前已出现学习倾向，只不过未表现出来，所以称为"潜伏学习"。

③布鲁纳的认知——发现说。布鲁纳（J.S.Bruner）是美国著名心理学家，当代美国认知学派的主要代表人物。他的认知学习理论受完型说、目的说等理论的影响，但又与这些理论有

很大区别,其中最大的区别在于布鲁纳的认知学习理论是建立在对人类学习进行研究的基础上的,所谈的认知是抽象思维水平的认知。其基本观点有:

第一,学习是主动地形成认知结构的过程。认知结构是指一种反映事物之间稳定联系或关系的内部认识系统,或者说,是某一学习者的观念的全部内容与组织。布鲁纳认为,人是主动参加获得知识的过程的,是主动对进入感官的信息进行选择、转换、存储和应用的。也就是说人是积极主动地选择知识的,是记住知识和改造知识的学习者,而不是一个知识的被动的接受者。学习就是学习者通过认知,获得客观事物的意义和意象,从而形成认知结构的过程。

第二,学习由一系列过程组成。布鲁纳认为,学习一门学科,包含着三个差不多同时发生的过程:新知识的获得、知识的转化和评价。新知识的获得过程是与已有知识经验、认知结构发生联系的过程,是主动认识理解的过程。所谓"联系"表现在:新知识可能与学生已有知识相违背,可能与学生已有知识相替代,可能是先前知识的重新提炼。然后通过"同化"或"顺应",使新知识纳入到学习者已有的认知结构,或形成新的知识结构。知识的转化是指在新知识获得的基础上,对知识进一步分析和概括,使之转化为另一种形式以适应新任务,使其学到更多和更深刻的知识。评价是对知识转化的一种"查阅"

或体验。通过评价，可以核对我们处理知识的方式是否适合于新任务或概括得是否恰当，或运算是否正确。

第三，强调对学科的基本结构的学习。布鲁纳非常重视学习各门学科的基本结构，认为理解学科的基本结构，能使接受的知识在以后一生中发挥作用。他所谓的理解学科的基本结构就是掌握某一学术领域概括化了的基本原理或思想，也就是要求学生以有意义地联系起来的方式去理解事物的结构，可以通过一个人发展的编码体系或结构体系（认知结构）而表现出来。人脑的认知结构与学科的基本结构相结合会产生强大的学习效益。如果把一门学科的基本原理弄通了，则有关这门学科的特殊课题也不难理解了。

第四，提倡发现学习。所谓发现学习就是让学生独立思考，改组材料，自行发现知识掌握原理原则的学习方法。布鲁纳认为，教学一方面要考虑人的已有知识结构、教材的结构；另一方面要重视人的主动性和学习的内在动机。他认为，学习的最好动机是对所学材料的兴趣，而不是奖励竞争之类的外在刺激。因此，他提倡发现学习法。发现法的特点是关心学习过程胜于关心学习结果。具体知识、原理、规律等让学习者自己去探索、去发现，这样学生便积极主动地参加到学习过程中去。布鲁纳认为，发现学习的作用在于：一是提高智慧的潜力；二是使外来动因变成内在动机；三是学会发现的探究法；四是有助于所学材料的保持记忆。

布鲁纳的认知——发现说是值得特别重视的一种学习理论。它强调学习者的主动性、独立性,强调理解的作用,强调认知结构与教材基本结构的结合,这些都对我们有很大启发。但是,他把学生的学习与科学家的研究发现等同起来,忽视学生学习的特殊性;他否定教师的主导作用等,都显示他的理论的不足,是不可取的。

④奥苏伯尔的认知——接受说。奥苏伯尔(D.P.Ausubel)是美国当代著名的认知派心理学家,他的学习理论被称为认知——接受说,主要观点有:

第一,学生的学习主要是接受学习而不是发现学习。接受学习是指学习的主要内容基本上是以定论的形式被学生接受的。奥苏伯尔认为,学生在校学习的主要任务是接受系统知识,要在短时间内获得大量的系统知识,并能得到巩固,主要靠接受学习。接受学习强调从一般到个别,发现学习强调从个别到一般。对学生来讲,学习不包括任何发现,只要求学生把教学内容加以内化(即把它结合进自己的认知结构之内),以便将来能够将其再现或派做他用。

第二,学生学习以有意义学习为主。奥苏伯尔把认知方面的学习分为两种:一种是建立非人为的实质性联系即有意义学习;一种是建立人为的非实质性联系即机械学习。他认为学习的实质在于学习者能在学习新知识时，与自己原有的认知结构之间建立起实质性的和非人为的关系。奥苏伯尔认为有意义的学习必须具备下列条件：一是新的学习材料本身具有逻辑意义；二是学习者认知结构中具有同化新材料的适当知识基础；三是学习者须具有进行有意义学习的心向；四是学习者必须积极主动地使这种具有潜在意义的新知识与认知结构中的旧知识发生相互作用。

奥苏伯尔的认知——接受说，提出学生的学习主要是接受，重视学生的意义学习，反对机械学习，对学校教育有一定参考价值。但是他的学习理论，仅限于知识的学习，把技能、品德等学习排斥在外，是片面的。

3.学习的联结认知理论

上述两派的学习理论有相同之处，双方都重视学习情境的设置，但两派注重点不同：联结主义者安排情境的目的在于练习纯熟、矫正错误；认知派设置情境旨在促进思考、发现问题。两派都强调反应的正确性，然而目标也各异：联结主义者重视记忆无误、形成习惯；认知派强调领悟关键、解决问题。

实际上，学习的种类繁多过程复杂。有低级的关于具体形象事物、动作的记忆式学习；也有高级的抽象概念、原理和规则的学习。如果以学习的简繁等级的观点来衡量，那么两派的学习理论并不是对立的。联结主义的"试误说"和"操作条件反射说"是学习的低级形式;认知理论的"发展说"、"目的说"、"接受说"等则是学习的高级形式。在现实的学习过程中两者常常是相伴相随、连续出现的。

20世纪中叶以后,西方心理学界吸收两大派学习理论的精华,进行了许多实验研究,提出了综合两派优点的学习的联结认知理论,其中最具代表性的且有较大影响的有加涅的"认知——指导说"和班杜拉的"社会学习论"。

①加涅的认知——指导说。加涅(R.M.Gagne)是美国当代著名的教育心理学家。在20世纪60年代之前他是一个联结主义者,之后他接受了认知派的观点,主要倾向于认知理论。

第一,提出关于"累积学习的一般模式"。加涅认为学习是一个连续的过程,前面的学习是后继学习的基础。他强调,任何新组织新能力的学习,都需要先学习包含在能力方面的所属能力。例如,一个人要学习高级的法则,就需要先学习简单的法则,要获得某方面有意义的学问,先要了解有关一系列从属的知识,他把这种知识的系列称为"学习的层次"。加涅认为,知识是一个完整的体系,知识体系好似一个"金字塔"式的结构模式,它的基础是许多具体的事物和对象,人们在此基础上形成各种各样的概念,许多具体概念又组成了有具体内容的规则、原理和公式。加涅根据这一思想,进而概括出累积学习的一般模式:连锁→辨别→具体概念→定义概念→规则→高级规则。

第二，提出学习过程的 8 个阶段。加涅把复杂的学习过程概括为 8 个有机联系的发展阶段，即：动机阶段、了解阶段、获得阶段、保持阶段、回忆阶段、概括阶段、作业阶段和反馈阶段。加涅认为，教师是教学的设计者和管理人，也是学生学习的评定者。教师要有目的、有计划地按上述学习过程去发动、激发、维持和提高学习者的内部活动，要计划、设计、选择并监督外部条件的安排。

第三，主张对学生学习采用指导法。所谓指导法，就是给学生最充分的指导，使学生沿着仔细规定的学习程序进行学习。指导法提出的依据是加涅对教学的目标及能量（力）的理解。他认为，教学的主要目标是发展能量，能量就是在特定的条件下完成某种特殊机能的可能性。能量是行为的产物，是学习的结果，而发展能量关键性的因素是掌握大量有组织的知识。要使学生掌握大量有组织的知识，教师就要给学生充分的指导，使学生沿着仔细规定的程序进行学习。加涅指出最常用的教学步骤有：一是激发学生回忆以前学得的知识能力；二是激活学生的学习心向；三是直接提出种种适当的刺激；四是反馈的准备。

综上所述，加涅的认知——指导说吸取了联结主义和认知理论两大派的精华，形成了自己的综合性的学习理论。

②班杜拉的社会学习论。社会学习理论由美国耶鲁大学心理学家多拉德和米勒等人于1941年首创,后经班杜拉的发展,成为现代人格心理学发展中的一大流派,自20世纪70年代以来,这种学习理论越来越受到人们的注意和重视。

班杜拉(Bandura.A)1925年生于加拿大,1952年获博士学位后,在斯坦福大学任心理学教授。他认为传统的行为主义理论忽视了认知功能是引起人的行为的决定因素,因而是不完全的,他强调观察、自律等认知过程对学习的影响作用,提出人的行为是内部过程和外部影响的交互作用的产物。其理论的主要观点有:

第一,观察学习。班杜拉认为斯金纳过分强调行为的结果效应,极大忽视了榜样现象即模仿他人的行为——替代行为。学习来自他人的成功或失败。同时也认为大多数人的学习都不是由结果直接构成,而是直接源于榜样。这意味着,人不一定要亲身受到奖惩才去或不去模仿,只要观察到别人在受奖或受惩,他也会改变他的行为,这叫做替代式学习。

第二,榜样示范。班杜拉认为,整个观察学习过程,就是通过学习者观察榜样不同的示范而进行的。榜样的示范包括行为示范、言语示范、象征示范、抽象示范、参照示范、参与性示范、创造性示范、延迟示范等。

第三,自我调节。班杜拉强调人的自我调节的能力。他认为，人不是消极地接受外界刺激的，而是积极地对这种刺激做出选择、组织和转换，藉以调节自己的行为。人们在学习过程中，通过对行为的自己判断，可以产生自我满足，也可以自我奖励，使行为得以形成；达不到目标时，则可以自我惩罚，或产生矛盾冲突。人们通过自我调节的作用，改变自己的行动，形成自己的观念、能力和人格。

班杜拉的社会学习论在某些方面发展了传统的行为主义观点，尤其是观察学习和自我调节理论对人的行为、观念和个性的形成、发展做了一定的解释说明，对当代学习理论的发展做出了贡献。但是，这种理论体现在本质上是行为主义的，在指导思想上没有摆脱机械论的影响。另外，班杜拉把人的一切行为结果都归于观察学习，也有失偏颇。

4. 人本主义学习理论

人本主义心理学是20世纪50~60年代在美国兴起的一个心理学新的重要派别。因为它既反对行为主义的强调外在环境因素决定人类行为的机械决定观，又不同意心理分析学派视潜意识为个体内在动力的本能冲动观，所以被称为心理学中的"第三种力量"。在本质上，人本主义心理学强调每一个体是人性化的、个别化的、独一无二的，此项"自我概念"乃人本主义心理学之理论核心。人本主义心理学早年的主要发起人是比较心理学和社会心理学家马斯洛，近年影响较大的代表人物是心理学治疗家和教育改革家罗杰斯。

①马斯洛的需求层次说及教育观。马斯洛（A.H.Maslow）1908年生于美国纽约州。他被公认为是人本主义心理学的领导人之一。马斯洛认为，人类具有不同的需求层次，其中，生存和安全的需求是最低层次最重要最基本的需求，这类需求决定人类的行为直到获得满足。只有低层次的需求得到满足后，次层次的从属与爱的需求和自尊的需求随之产生。当次层次的需求多少得到满足后，更高层次的认知需求、审美需求、自我实现需求又会产生，于是便会出现满足这些更高层次需求的行为。马斯洛的需求层次说对教育教学有积极意义。例如，学生若饥饿、生病、受伤，就不会有求知的动机；若儿童的安全感、隶属感受威胁，就很难有学习兴趣；若教室是充满恐怖、难预料的地方，学生就会关心安全甚于学习。用马斯洛的需求层次说来观察学生的行为，就能明白为什么学生满足低层次需求的希望常常与教师希望达成的高层次目标，会时时发生冲突；为什么学生隶属小团体及维持在小团体内自尊的需求与教师的规范要求相抵触时，学生常常会忽略教师的要求，甚至会反抗教师。

马斯洛认为，教学活动应与学生需求相配合，这样才能提升学生的动机层次，只有当低层次的需求获得满足后，高层次的需求才能被激励。马斯洛主张教学活动的设计应因人而异，这是因为学生的成就动机因人、因情境而异。对于有高成就动机的学生，宜给予具有挑战性的任务，通过严格评分、纠正式回馈、探究新的问题等途径，引导激发更高的动机。对于有较低成就动机者，可以给些挑战性不大的任务，通过从宽评分，及时帮助解决难题等方法，不断增强其成功表现和体验，逐步引向更高层次。

②罗杰斯人本主义学习论。罗杰斯（C. R. Rogers）1902年生于美国伊利诺斯州，1930年获心理学博士学位，其后在一些大学任心理学教授，并从事心理治疗的实践与研究，在实践和理论中首次倡导非指示疗法和患者中心疗法，提出"以人为中心"的理论，并将这个理论扩大和推广到教育改革的实践中，形成了人文主义的教育教学理论。其主要观点有：

第一，强调学习中人的因素和"学习者中心"。罗杰斯从"以我为中心"的人格的"自我理论"出发，以"患者中心疗法"的实践为依据，认为学习者是一个有目的、能够选择自己行为并从中得到满足的人，每个人存在于以自己为中心的一个不断变化的经验世界之中。因此，反对那种认为学习者具有自私的、反社会的本能的主张，相信人的本性是好的，是积极向上的，相信任何正常学习者都能自己教育自己，发展自己的潜能，并最终达到"自我实现"。据此，他提倡学校和教师必须把学生看做"人"，看做是学习活动的主体，教学和教育都应以学生为中心，要尊重学生的个人经验，并创造一切条件和机会，促进学生的学习和变化。

第二,强调影响个人学习的主要因素是心理。罗杰斯认为,个体总是按照自己对环境的知觉及其对知觉的解释做出反应。决定人的行为和学习的,主要是那些个人意识到或可能意识到的知觉。他批评那种完全无视个体的种种经验以及这些经验对个人的意义,强调个人心理因素在学习中的作用。据此,他提出:一是每个正常生活中的人都有希望学习、盼望成长、寻求发现、渴望创造的愿望。因此,教师应尊重学生的个人经验,相信学生发展自己的潜能,要创造条件促使学生的内在潜能发挥出来,成为有效学习的一种驱力;二是个人通常是根据事物与自己概念是否一致而表现出不同的行为和学习方式。当个人自我概念与他自我实现的趋向一致时,就会产生积极的经验或体验,有助于提高学习效果,反之则会影响和妨碍学习。因此,应重视人的价值观和态度体系在学习中的作用;三是教师和父母对学生的看法,常常会影响学生对自己的评价,并进而反映到学习活动中去。因此,教师和父母要重视和善于给学生以鼓励,使之能够对自己的学习行为产生正确的认识和评价以及积极的体验;四是必须重视学习者的意愿、情感、需要和价值观。不应只把学习过程看做是学生获得知识、技能和发展智力的过程,还应该使学生注意探究自己的情感,学会正确阐明自己的价值观和态度,发展自己的潜能并争取达到最佳境界,使人格得到健全发展。

　　第三，主张有意义的学习。所谓有意义的学习即是：在智育方面，应能活用知识；在情意方面，应能用与以前不同的观点来看待自己，能开放地接受自己与他人，因而更自信，更趋成熟。按照罗杰斯的说法，有意义的学习具有以下特征：一是具有个体作为参与者参加的特征，学习过程涉及整个人，包括他的情感和认知方面；二是它是自发的，即使动力和刺激来源于外部，而发现、获得、理解的意义也是来自于内部；三是它是渗透性的，能在行为、态度，甚至在学习者的个性方面形成差异；四是它是由学习者评价的；五是它的基本意义在于，这种学习发生时，对学习者来说，意义元素就构成了整个经验。

　　第四，促进学习者学会适应变化和学会如何学习。罗杰斯认为，在加速变化和充满矛盾的当代世界中，我们正面临着一个全新的教育情境，人类要生存下去，要能适应这种变化，关键的因素之一是要把后代教育成为"充分发挥作用的人"。因此，他主张教育的目标应该是促进变化、改革和学习。而学习的关键是为有效地对付变化中的科学世界而知道如何学习。变化是确立教育目标的根据，而对这种变化的适应取决于学习过程而不取决于静态的知识。所以罗杰斯明确提出，培养的目标应该使学生成为"学会如何学习的人"，"学会如何适应变化的人"。

人本主义学习理论突破长期以来两大学派在学习心理研究上主要对动物学习进行实验研究的偏向,注意对人的学习研究;注意促进学生学会如何学习和学会适应变化;重视学习者的主动性及人的价值观、态度体系和情感等心理因素在学习中的作用;主张建立良好的师生关系对有意义学习的促进作用等,对现代教育观念的确立和教学改革都有启发意义。但是,人本主义学习理论的哲学基础是存在主义和印象学,其思想体系上以生物学为依据的个人本位意识形态,从唯心主义的立场出发,把人本主义与人类的生物特征及抽象的社会学相结合,因而不可能正确观察和理解人的本质特征和人类学习的实质。此外,人本主义学习理论的建立,不像行为主义和认知学派的学习理论那样建立在大量的、系统的实验研究的基础上。这种理论基本上是来自于心理治疗和咨询的临床经验。因而其理论和规律性所赖以建立的资料性依据是不够充分的。

二 我国现代的学习理论：结构——定向说[①]

结构——定向说,是北京师范大学心理系冯忠良教授长期深入开展教学实验研究的成果。冯教授等人从1961年开始就在

---

① 冯忠良：《结构—定向教学的理论与实践》,北京师大出版社,1992。

北京市的一些小学开展实验研究,在研究基础上逐步形成结构——定向教学理论,这一理论在北京、山东、辽宁、天津一些中小学、大学、工厂、运动队的教学、青工培训、运动员训练等实践中进行推广运用,取得良好效果。

1. 结构——定向教学的基本观点

为适应新技术革命的教学提出的高质高效要求而总结形成的结构——定向教学原理是结构化教学和定向化教学的合称。

①结构化教学观点。结构化教学观点是结构——定向教学原理首要的基本观点。所谓结构化教学观点,从教育心理学观点来说,即教学应首先确立以构建学生的心理结构为中心的教学观点。

所谓心理结构,如同生理结构一样是主体行为的内在调节机制。心理结构内在于人脑,是后天形成的经验结构,是由功能上相互联系的一系列心理因素如认知、情感和动作经验等结合而成的统一体。依据教育的本性,教育系统中所要构建的心理结构,就是通常所说的能力结构和品德结构。能力和品德结构是在教材和学生的相互作用过程中,通过学生的学习活动,在头脑中构建起来的心理结构。各种能力是各种概括化与系统化了的知识和技能。各种品德则是各种概括化与系统化了的行为规范的遵从经验。

②定向化教学观点。定向化教学观点是结构——定向教学

原理的又一基本观点。所谓定向化教学观点,从教育心理学的观点来说,即教学应依据心理结构形成发展规律,实施定向培养的观点。

确立定向化教学观点,需以对心理结构及其形成发展规律的认识及应用为前提。心理结构作为一种经验结构,可以通过对活动的系统分析而认识。学习动机、学习迁移、知识掌握、技能形成、行为规范接受的学习规律是制约心理结构的形成发展的主要学习规律。实施定向化教学,必须依据学习的规律,对影响心理结构形成的各个系统以及各因素,进行整体改革,处理好各种关系,调动各种积极因素,确立高度协调一致的优化教学系统。

2. 结构化教学观点的理论依据

①教育的经验传递说。教育作为一种独特的社会系统而存在,在于它是从人类社会的存在与发展以及人类个体的社会化需要出发,通过社会经验的传递来造就人才的一种人际交往关系。简言之,教育是一种造就人才的经验传递系统。对教育本性的这种理解,称之为教育的经验传递说。

教育作为一种经验传递系统,是通过教师和学生的交往活动而实现的。作为经验传递者的教师和作为经验接受者的学生是交往的主体。教师的经验传递活动和学生的经验接受活动构成了交往的过程。负载经验的媒体是交往藉以进行的手段和工具。经验本身乃是交往的内容和对象。这样，经验的传授者及其传授活动、经验的接受者及其接受活动、经验本身及其媒体就成了经验系统不可缺少的三个基本要素。三个要素相互联系、相互制约，构成教育系统本身的独特结构。其相互制约的关系首先表现为教受制于学，学受导于教。如果否认"教受制于学"，就会陷入教师中心主义泥潭，导致注入式教学；反之，如果否认"学受导于教"，则会犯儿童中心主义的错误，导致"牧羊式"教学。其次，学与教受制于教材，教材必须依据学与教。

②学生学习的接受——构建说。在经验传递系统中，学生居于经验的获得者及接受者的地位。学生的职能是接受经验。学生的规范行为是经验的接受活动。因此，学生的学习必须是接受学习而非发现学习。所谓接受学习，是指这种学习本身是占有传授者所提供的经验，即掌握前人所创造的经验，而不是学习者自身独立地去发现经验，创造新经验。

所谓经验，这里是指在主、客体相互作用（即活动）过程中，在主体对客体能动反映的基础上所发生的主观产物。经验就来源、产生过程与其作用来说是客观的，但其存在形式是主观的。经验的接受不同于物的接受。物的接受可以不变形、不变质的现成形式进行。经验的接受则要经过一系列变形、变质的处理变换才能实现。经验的接受是主体通过对经验的媒体进行能动反映活动，从而在头脑中重新构建经验结构而实现的。对学生学习实质的这种理解，称之为学生学习的接受——构建说。

③能力与品德的类化经验说。所谓能力与品德的类化经验是指能力与品德的本性是一种后天形成的经验结构，是一种类化了的经验，是通过经验的获得及类化而实现的。

依据类化经验说，作为个体心理特征之一的能力，是个体行为的一种内在调节机制，其职能在于对人们的活动进行定向并控制动作执行。活动的定向功能是由作为认知经验的知识来完成的。动作的控制执行功能是由作为动作经验之一的技能来完成的。因此知识和技能是能力结构的基本构成要素。能力的形成发展同知识、技能的获得密不可分。但是，不能把能力简单地归结为知识和技能的累积。只有概括化了的知识和熟练了的技能，才能得以广泛应用及迁移，才能真正转化为能力。

品德是不同于能力的另一种个体心理特征。其职能在于支配个体的社会行为，使主体选择合理的价值取向以做出合乎社会规范的行为。因此，品德本身是对一定的社会规范形成的一种遵从经验结构。品德由对社会规范本身及其必要性的认识因素及执行规范行为的动作因素所构成。品德是一种类化了的社会规范经验，是概括化与系统化了的社会规范结构。

作为教育实施形式之一的教学的根本任务就在于研究、确定并采取一切有效措施以形成、发展学生的各种能力与品德的心理结构。

3. 定向化教学观点的规律依据

①学习动机及学习积极性形成规律。学习动机作为学习活动的启动机制，作为学习积极性的内在源泉，是由学习需要和学习期待构成的。学习需要即追求学习成就的一种心理倾向；学习期待则指学习活动所要达到的目标的意念。学习需要可以激起学习活动，起学习驱力作用；学习期待直接制约学习活动的方向，起学习诱因的作用。

要发挥学习动机的作用，必须注意学习需要的培养和学习动机的激发。一般而言，新的学习需要可以通过直接发生途径和间接转化途径而形成。所谓直接发生途径，即新的学习需要因原有的学习需要不断得到满足而直接产生新的更稳定更分化的学习需要；所谓间接转化途径，即新的学习需要由原来满足某种稳定学习需要的手段或工具转化而成。在进行新的学习需要的培养时，必须注意交替利用两种学习需要的发生途径，要在学习过程中使学生感受到其努力是有成效的，从而形成学习需要与学习成就之间的良性循环，防止它们之间的恶性循环。

②知识及掌握规律。知识作为客观事物的特征与联系在人

脑中的一个主观表征,是教学系统中所要传递的经验要素之一,是能力形成发展所不可缺少的一个重要因素。知识按其表征形式,可分为感性知识(感知、表象)和理性知识(概念、命题);按其表述形式,可分为陈述性(描述性)知识和程序性(操作性)知识。

知识的掌握指经验传递系统中学生对知识的接受与占有,其实质是通过一系列心智活动在头脑中建立起相应的认知结构。知识的掌握依其表征形式,可分为符号学习、概念学习和命题学习;按知识结构之间的联系来分,可分为归属学习和并列结合学习两大类。

知识的掌握一般要经过知识的领会、巩固和应用三个环节,通过直观、概括、具体化,以及记忆、保持等认识活动才能实现。所谓直观,即主体对于直观教材的具体认识,包括实物直观、模像直观和言语直观三种基本形式;所谓概括,即主体对于具体材料的抽象认识;所谓具体化,是指主体把抽象的知识推广到同类事物中去,或把具体材料纳入抽象的认识结构中去,以充实抽象结构的认知活动。

直观、概括、具体化构成了知识掌握过程中的认知活动,其中直观和概括实现着知识的领会,具体化完成着知识的应用。但是知识的掌握还必须有记忆活动以实现对知识的巩固。知识的巩固是通过识记和保持来达到的。所谓识记,就是通过识别和记住事物,使头脑中建立起来的认知结构留下痕迹和加深痕迹的过程;所谓保持,是指主体对于认知结构痕迹的贮存,是在识记的基础上通过巩固复习以克服遗忘而实现的。

③技能及其形成规律。技能作为习得的合法则的活动方式,是教学系统中所要传递的又一经验要素,也是能力形成发展所不可缺少的因素。技能根据其活动方式不同,可以分为心智技能和操作技能。心智技能的对象具有观念性、动作具有内潜性、结构具有简缩性。操作技能的对象具有物质性、动作具有外显性、结构具有展开性。

心智技能就其实质而言,是实践活动方式的反映,是通过原型定向、原型操作、原型内化等一系列实践活动的内化阶段才能实现的。

操作技能是不同于心智技能的一种活动方式,其形成一般要经过操作定向、操作模仿、操作整合和操作熟练四个阶段。

④行为规范及其接受规律。行为规范也叫社会规范。它是用来规范人们的社会行为的社会标准,是教育系统中所要传递的又一经验要素。在经验传递系统中,行为规范的接受即把外在于主体的行为要求转变为主体内在的行为需要的内化过程。依从、认同和信奉是行为规范接受的三个基本阶段。

依从是指行为主体对别人或团体提出的某种行为的依据或必要性缺乏认识,甚至有抵触的认识和情绪时,既不违背,也不反抗，仍然遵照执行的一种遵从现象。它包括从众和服从两种类型。在依从阶段，个体的行为具有盲目性、被动性、工具性和环境性等特点。依从可以使主体获得关于规范行为的执行经验，是行为规范接受的一种初级水平，是外在的行为要求内化的开端。认同包括对榜样的仰慕与模仿。个体之所以做出认同行为，是因为他企图与榜样一样。认同的动机是对榜样的仰慕而发的追求，而不是对权威或情境的直接或间接的压力的屈从。因此，认同行为具有一定的自觉性、主动性和稳定性。在行为规范的内化过程中，认同是行为规范和品德形成的关键阶段，是确立自觉遵从态度的开端。

信奉是对行为规范的最高接受水平。行为规范的遵从达到信奉阶段时，作为品德的内在机制的态度结构已经完备，主体的规范行为的动机以行为规范本身的价值信念为基础，其规范行为由行为规范的价值信念所驱动，建立了完备的符合规范要求的行为方式体系。在信奉阶段，个体的行为具有自觉性、主动性和坚定性。

⑤学习的迁移规律。在一定学习动机作用下所发生的知识、技能和行为规范的掌握接受的最终目的在于形成、发展一定的能力与品德结构。能力和品德是在知识、技能和行为规范获得的基础上，经过广泛的迁移，从而使这些经验不断整合及类化而实现的。因此，学习迁移规律是一切学习的共有规律。

所谓学习迁移，是指一种学习中习得的经验对其他学习的影响。学习迁移不是自动实现的，而是有条件的。从微观角度来看，学习迁移与认知活动紧密相连，必须经历一系列复杂的认知活动才能完成。从宏观角度来看，学习迁移中所要构建的是一体化、网络化的心理结构，需要经过新旧经验的不断整合才能实现。

学习迁移中的认知活动包括对不同学习中的经验构成成分的分析与抽象。在迁移发生过程中，首先，学习者要对新的学习中的经验成分，以及与之有关的原有经验进行分析，对新旧经验的组成成分加以识别，从而进一步抽象出这些不同经验之间的共同的本质要素。其次，学习者要对不同学习中的经验构成成分进行综合及概括，对新旧经验之间的本质要素产生整体认识。这样迁移才能实现。

学习迁移中的整合是指通过概括而获得的经验与原有经验的相互作用，从而形成结构上一体化、网络化，在功能上能稳定调节活动的一个完整的心理系统。整合过程主要有同化和顺应两种方式。所谓同化，是指将已有经验应用到同类事物中去，以揭示新事物的意义、作用，从而把新事物纳入已有经验系统之中的过程。所谓顺应，是指将已有经验应用于新情境时所发生的一种适应性的变化，表现为调整原有经验，形成能包含新旧经验的更高一级的经验结构的过程。

第二节 社会工作实习教学的原则

在社会工作作为一门专业和学科的发展过程中，社会学、心理学、教育学等相关学科提供了极大的支持和帮助。这种支持和帮助不仅体现在社会工作的专业理论、专业价值观和专业方法技巧的丰富和发展上，而且在社会工作专业教育方面，也为专业人才培养的指导思想的确立、专业人才培养的原则和方法的摸索，提供了理论上的指导。其中，教育心理学中有关学习理论的发展，与社会工作专业教育理论的发展，就存在着极为密切的伴随关系。

一 不同学习理论对社会工作教育之影响

社会工作专业教育由学徒式训练发展而来（Bernard，1977）。在19世纪末、20世纪初，社会工作后备人员的培养刚刚脱离一对一师傅带徒弟式的训练模式，而进入学院式成批训练的专业教育阶段，但在教育理论和方法上还因袭过去的许多观念和方法，还没有实质性的突破。

当时，以桑代克为代表的行为主义的学习的联结理论刚刚创立，同样创立不久的社会工作专业教育在很大程度上受其"联结说"、"试误论"等观点影响，在专业人员的培训上往往透露出学徒式的特点来。例如。在学习范围的界定上，往往偏重与就业有关的技术性的学习，而不是兼顾整体性的学习；在学习内容的确定上，往往强调教会学生如何去做，而不是同时告知为何做及做什么，不是偏重概念和普遍性的学习；在学习程序的安排上，往往选择先从实务工作做起，然后逐渐积累经验，而不是先学习概念和原则，再尝试运用到实务情境中去；在学习方法的选用上，往往以教师为中心，强调学生被动式的承袭知识和技巧，而不提倡学生主动性、思考式、批评性的学习，不重视学生的创造性的学习和知、觉、行的整合。

20世纪上半叶，教育心理学的又一重要派别——学习的认知理论——产生并逐渐扩大影响，在这一背景下，社会工作专业教育开始不再满足在人才培养中简单的由情境刺激到行为反映的联结式的强化训练，开始关注人的认知结构和学习态度等意识因素在学习过程中的重要作用，强调学习是学生主动形成认知结构的过程，提倡学生对学科知识体系的掌握，提倡学生进行独立思考和改组材料的发现学习。在此理论指引下，社会工作专业教育开始走出以训练在业人员为主要职能的短期非学历教育的初创阶段，进入一个以先训练以掌握系统知识再就业从事实务工作为特征的正规学历教育阶段。

20世纪中叶以后，在比较了行为主义和认知学派两大学习理论的优劣长短之后,西方心理学界出现了两种新的动向和变化:一种动向和变化是,有人吸取了两种学说的理论精华,融合形成了学习的联结认知理论;另一种动向和变化是,有人摒弃两派学说的偏颇观点,创立了走第三条道路的人文主义的学习理论。受这两种动向和变化的影响,社会工作专业教育无论在理论上还是方法上都发生了重大变化。尤其是因为人文主义的教育观与社会工作专业本身的价值极为吻合,所以社会工作教育工作者大都支持这一派理论,强调以人为本尊重学生的尊严与价值;提倡引导和发挥学生的学习潜能;关注有意义的学习;重视学习者知识、价值观和方法技能的整合;主张教育要有利于学生认知结构的构建和优化;明确教师要在学生积累式学习过程中起指导的作用;强调学生除了掌握系统的知识体系外更要学会如何学习。

在上述理念指引下,社会工作专业教育理论和方法都取得很大改进。例如,关于教师和学生在教学过程中的角色定位,不再信奉教师处于绝对权威的中心地位的观念,而是明确了以学生为中心、以教师为指导的角色分工,如霍根斯泰德和雷格拜(Hokenstad Rigby)所说:"在教学互动过程中,教育性模范是教给学生的主要角色,这特别适合社会工作训练,学习是经由学生与环境互动而产生的。学生在学习过程中,必须是积极角色,教师扮演触媒者角色——为学习催化者而非知识传送者,制造学习机会和结构。"①

在学生知识结构的培养目标上,社会工作教育界也逐渐改变过去那种专业分工过细、过早将学生限定在某一专业领域中的做法,转而强调不同社会工作方法的整合,提出注重社会工作理论知识和方法技能整体性、结构性教育的通才取向的培养目标。社会工作教育界认识到,为了培养未来的社会工作者能满足不同服务对象的不同需要,学生在校学习期间应掌握解决问题的基本知识和技巧;为了培养未来的社会工作者能适应情境的变化,学生在校学习期间应培养和发展各方面的能力。为此,能力本位教育课程的发展,逐渐成为大学社会工作教育的主流。

在上述理论发展和社会工作教育课程的变化的大背景下,作为社会工作教育整体有机组成部分的社会工作实习教育,也出现了新的发展动向,其指向是更加强调学生的主动性、知识的结构性和知、觉、行的整合性。

杰特门(Gittermam)综合认知学派和人文主义的教学观点,提出社会工作实习教学的整合模式,主张社会工作实习教学方式应包含五个概念。

一是运作化:强调知与行之间是绝不可分的。必须亲身体验,才能真正对知识有所体会;

---

① 曾华源:《社会工作实习教学——理论、实务与研究》,第62页,台湾五南图书出版公司,1987。

第二章 社会工作实习教学的理论与原则

二是类化：即要能在内化知识和技巧后，运用在具有相同性质的不同情境中。换言之，要能概念化和获取原则；

三是创造性：即教学者必须要结构化学习情境与教材，以便学习者能掌握事物之间的关联，获得真正的了解；

四是同辈学习：通过团体教学的方式，让学习者在特定范围内，经由积极参与、合作与教育过程，对新的实务工作与理论有学习和思考的机会；

五是角色模范：教学者可经由示范工作技巧、好奇、开放等行为影响学生。在言行一致的情况下，让学生得以模仿学习。[1]

台湾曾华源教授依据实习教学的发展趋势，进一步提出了社会工作实习教学的参与整合模式。[2] 其中的参与一词的概念，并不仅仅指让学生表达个人的学习需求与意愿，而是指学校教师、机构实习教学者和学生共同表达对实习学习的期望，并且积极参与实习计划的制定和学习过程。由于实习教学内容延伸涉及学校课堂上教授的内容，而不是独立性质的部分，因此，整合一词的意思，是指学校、机构及学生对实习教学期望的融合，以及学校理论知识和机构实习经验之贯通。

---

[1] 曾华源：《社会工作实习教学——理论、实务与研究》，第63、67页，台湾五南图书出版公司，1987。

[2] 曾华源：《社会工作实习教学——理论、实务与研究》，第63、67页，台湾五南图书出版公司，1987。

二　社会工作实习教学的原则

依据学习心理的内在规律，以及社会工作教育的目标和任务，社会工作实习教学应该遵循以下一些重要原则。

1. 从学生的个别需求和各自特性出发因材施教

因材施教是教育教学的普遍原则，这一原则对于社会工作实习教育而言，具有更加重要的意义。这是因为：

首先，学习是一个个人意识因素发挥作用的对客观事物的反应过程，作为教学活动主体之一的学习者的认知结构和学习态度等因素，在很大程度上影响到学习成效的大小。但是，作为不同的个人，由于其生长背景、经验、能力、兴趣、智力与个性的不同，使得学习动机、学习偏好、学习需求、学习方式、学习速度，以及学习限制等都存在很大差异，因此，要想获取理想的教学效果，必须在教学过程中，始终把学习者看做是一个独特的个体，从他们不同的需求和个性出发安排教学活动，努力发掘每个学生最大的学习潜力。

其次，社会工作实习教育的目标是通过提供实际服务社会的机会，促使学生实现知、觉、行的整合。但是，由于社会工作是个通过人与人的互动而达致预期服务目标的过程，作为服务提供方的社会工作者个人，其成长经历、能力、兴趣、态度及个性等主观因素也会在服务过程中发生影响作用。如罗杰斯所说，个体总是按照自己对环境的知觉及其对知觉的解释做出反应。社会工作虽然有其必须遵循的专业价值观及其专业守则，但是根据不同的个性和认知结构形成不同的服务风格，正是社会工作专业教育，特别是社会工作实习教育所要达到的目标之一。和工厂化生产规格统一的标准产品不同，社会工作专业教育的目的就是要培养能适应社会的不同需要和变化环境，对不同的服务对象和不同的服务方法手段有不同兴趣偏好，具有符合自己需求和个性的独特服务风格的社会工作者，因此，实习教育就应该重视而不是忽略学生的不同需求和个性，为不同的学生设计适合其特点的实习方案。

要做到因材施教，首要的任务是必须对不同的材质，即学生的不同需求和个性有一个确切的了解，这个了解的活动和过程叫做教育诊断。教育诊断的目的不仅在于了解学习者目前的程度，还包括了解学生想通过实习教学学些什么？为什么要学？希望以什么方式学，以及从何处开始学？

由于实习教学之前的课堂课程教学阶段往往采用课堂讲授的无差别的方法，教师对学生的个性差异不一定有透彻的了解，对学生的不同需求也不一定心中有数。另外，从学生的角度来看，一方面，过去的课堂课程教学所传授的知识经验会对学生产生不同的定势影响作用，不同的学生会对实习教学存有不同的期望和打算；另一方面，实习教学对于学生而言毕竟是一种新的陌生的教学形式，学生会不同程度地存在恐惧、抗拒、迷茫等心理压力。因此，实习学生的教育诊断工作应该由教学双方共同参与，共同讨论制定实习计划和内容。

人的需求是具有结构层次和递进发展特征的，人的个性的显现及了解也有个不断深入的过程，因此，教育诊断工作是一个持续不断的过程，学校督导教师和机构实习教育者应该及时了解掌握实习学生的需求变化，以及通过实习活动表露出来的性格特征。实习学生也应该及时总结检讨自己的实习经验，确认自己的学习要求并认识自己的知觉状况。

2. 协助学生组织学习经验以促进有意义学习

有意义学习是相对于机械学习而言的，其实质在于学习者能在学习新知识时，与自己原有的认知结构之间建立起实质性和非人为的关系。认知学派心理学家奥苏伯尔认为，有意义学习必须具备下列条件：一是新的学习材料本身是有逻辑意义；二是学习者认知结构中具有同化新材料的适当知识基础；三是学习者须具有进行有意义学习的心向；四是学习者必须积极主动地使这种具有潜在意义的新知识与认知结构中的旧知识发生相互作用。人文心理学家罗杰斯指出，有意义的学习具有参与性、自发性、渗透性、自我评价等特征，有意义的学习过程涉及整个人，包括知识方面和情感方面经验的获得和重组。

学生在实习情景中所获得的经验是相当多而且相当复杂的，

作为新的经验材料,如果不能与学生原有认知结构中的旧知识经验发生实质性非人为的联系,这样的学习就会流为试误性质的机械学习,不易产生类化和迁移,不可能形成优化认知结构的有意义的学习。因此,实习教学者的责任就是及时协助学生组织学习经验,促成学生有意义的学习。

组织学生的学习经验以促进有意义学习的途径与技巧有以下一些。

①以循序渐进的方式安排实习内容,使实习内容本身具有逻辑意义。作为有意义学习的外在条件,学习材料本身,必须合乎与学习者认识结构中原有的知识建立非人为的和实质性联系的标准,也就是说,学习材料必须具有逻辑意义。就社会工作实习而言,有意义的学习材料即能够促进实习学生将旧知识与新经验发生实质性联系的实习内容。在实习内容的安排上:首先,必须选择与社会工作专业理论知识和方法技巧有关的活动让学生参加,这样的活动能够促使学生产生新的经验,并将其与旧的知识发生本质联系,从而在社会工作知识结构和情感心理结构的构建优化上有所前进和发展。如果不加选择的、随意地把学生推向机构推向社区,任凭机构或社区安排学生参加一些杂乱的无关联的活动或日常事务工作,虽然也会促使学生产生新的经验,但这些经验与学生认知结构中原有的专业知识无法形成本质性的联系,这样的学习就无所谓有意义的学习,

这样的实习也无法达到预期的目的。目前中国内地社会工作实习安排上的一个突出问题就是较难保证学生参加的实习活动的内容都具有逻辑意义。往往是学校把学生安排进机构或社区就等于完成任务，而机构或社区往往把实习学生当做不用付工薪的劳动力。不是按照专业教育的要求安排实习内容，而是把大量日常性的事务工作推给实习学生去做，学生干得很累很忙，产生的经验也不少，但基本上都属于杂乱无章的无意义的东西。

其次，必须按照知识结构的内在逻辑和学生心理发展的内在规律，以循序渐进的方式安排实习内容。通常人们都无法在短的时间内学完大量的复杂的东西，尤其是作为初学者的实习学生，更不易在实习情境中一下子掌握系统的理论知识和方法技巧。因此，实习内容的安排，最好能考虑学生学习与发展需要，以结构性和次序性的方式呈现，让学生一部分一部分、从少到多、从易到难的逐渐学习新东西，积累掌握系统知识的基础。

②帮助学生整理和运用旧有知识经验，为同化新经验打好基础。有意义学习能够产生的一个内在条件，就是学习者认知结构中必须具有适当的知识，以便与新知识进行联结。如果学习材料本身具有逻辑意义，而学习者的认知结构中又具有适当的知识基础，那么，这种学习材料对于学习者就具有了潜在意义。最后通过学习者主动积极的参与，使这种具有潜在意义的

新知识与认知结构中有关的旧知识发生联结作用，新的知识就被同化构建进认知结构中而获得了实际的意义。可以说，旧的知识是获得新的知识的基础和前提。

一般说来，社会工作实习是在完成了一定的时间的课堂课程学习任务之后的教学安排，通过课堂教学，学生们已经了解和掌握了有关社会工作的一些理论知识，这些理论知识为学生通过实习学习和掌握新的知识奠定了基础。但是，学生课堂学习的效率和效果是有差异的，因而，学生对于课堂课程教授的理论知识的了解和掌握也有差异，并不是每一个学生都具备了通过实习接受新知识的基础。作为教师的责任之一，就是在实习活动开始前，通过教学诊断了解和掌握学生知识、经验和能力。如果发现学生存在知识结构的缺陷，就应通过实习前的教学弥补上，或者通过有针对性的实习内容的安排帮助学生掌握应该掌握的知识。

另外，即使是学生通过课堂课程学习已经学过或掌握了的知识，到了实习的情境中也不一定懂得去运用它与新的知识发生关联。作为教师的责任，就是及时帮助学生对原有知识进行整理和强化，提醒学生在什么情境下可以运用什么样的理论知识，在什么场合下适合运用什么样的方法技巧。

在社会工作实习教学中有一种误解，就是认为无论在什么情境下，实习对学生都是有用的，有的学校在学生尚未学习专业课程的情况下就安排专业实习。这样做的结果不能说一定没有用，但至少用处不大，意义不明显，有的还会事与愿违，产生不良效果。

从上面分析我们已经了解到，有意义学习的内在条件之一，就是学习者认知结构中必须具有适当的知识，以便与新知识进行联结，如果学生在尚未进行有关的专业学习，尚没有为接受新知识而打好认知基础的情况下就贸然进行实习，对实习进程中可能产生的新经验的理解就会停留在很浮浅的层面上，很难与新知识发生实质性的非人为的关联，所以实习的意义不大。相反，学生在不甚了解的情况下就投入实习服务，一方面会对服务对象的利益造成伤害；另一方面，也会产生失败、迷茫、无奈等负面心理感受，会影响学生对社会工作专业价值的认同和遵从。

③协助学生类化经验以形成迁移。实习教学的目的不仅仅是为了让学生一般性的了解社会工作实务的运行情况，实习的主要目的是提供机会让学生能够将课堂课程学习获得的理论知识与实习过程中产生的新的知识经验产生交互作用，类化或概括为新的知识结构。使学生能够在新问题或新情景中应用知识，产生预期的行为变化，即形成知识和技能的正向迁移。

迁移是教育心理学研究的一个重要现象。是指以前的学习对以后的学习的影响。迁移的作用首先是使习得的经验得以概括化、系统化，形成一种稳定的整合心理结构，从而更好的调节人的行为，并能动的作用于客观世界。迁移还是知识、技能向能力转化的关键。因为能力的形成是通过对掌握了的知识、技能的概括，然后广泛迁移，并进一步概括化和系统化而实现的。

要想在社会工作实习教学中协助学生类化经验以形成迁移，应该做到以下几点。

第一，突出事物间的内在联系，为学习迁移提供有利条件。教师应尽量帮助学生回忆过去学习和掌握的旧知识，尽量引导学生了解旧知识和新知识之间的内在联系，这样，不但可以复习旧的知识，也可以使学生更快更好的理解和掌握新知识。

第二，突出基础理论概念，发展学生的概括能力。心理实验研究的经验告诉我们，原有知识越具有概括性，正迁移的可能性就越大，因此，在实习教学中，应该把要求学生了解和掌握的基本概念、基本原理原则放在中心地位，用反复强化的手段使学生掌握具有内在联系的按逻辑程序组织起来的知识体系。要极力避免无重点无中心的教学内容和实习安排。

第三，要在与实际紧密结合的基础上让学生理解和掌握原理原则。社会工作实习教学与课堂课程教学都是为了促进学生了解和掌握基本理论知识和方法技巧，但它们的区别是实习教学是在实务情境中进行学习，理论原则外化为服务社会的实际行动，具有形象化、生动性的特征。实习教学不能满足于学生获得的感性知识，要引导学生通过外在的服务行为来把握理论原则，在理解的基础上学习和巩固知识。这样有利于学生能把理论知识和方法技巧迁移到别的实务情境中。

④提供足够的练习机会，强化学生的经验感受。官能心理学基础上的形式训练说认为，迁移是在训练的基础上，通过提高各种能力而实现的。认为心的组成部分是各种官能（如注意力、记忆力、想像力、推理力等），各种官能在受训练之前一直潜伏着，它们像身上的肌肉一样，通过训练才能得到发展和加强，有了适当的训练，它们可能在所有情境中自动地起作用。

社会工作是一门应用性、操作性的专业，社会工作专业教育期望学生能学以致用，而要能熟练运用专业知识和技巧，适当且足够的重复练习机会是必要的。在教学中，理论的说明是重要的，但理论的说明不能代替练习。研究发现，社会工作者的学习偏好经由积极参与的方式学习，而不是反映性、分析性之观察现象的方式学习（柯柏，1981）。思肯玛（Sikemma）认为，社会工作实习在培养未来独立自主的专业人才，因此，实习机构应提供学生均衡的实习机会。所谓的机会均衡并不是指每个学生的实习机会相等或平均，而是指实习机会的安排，不仅应扩及各层面或各种类型，而且机会要足够。[1]

---

[1] 曾华源：《社会工作实习教学——理论、实务与研究》，第82页，台湾五南图书出版公司，1987。

照此而言，学校和机构安排学生的实习，次数要多、时间要足、机构的性质和实习内容要多样，对于学生没有兴趣、不擅长的实习内容也要安排，要让学生有多方面且足够强化的训练及经验感受，能在今后的实务情境中实现自然、顺利的迁移。

3. 掌握和运用动机的发生规律，激发和保持学生高度的学习积极性

动机是激发、引导及持续行为的一种内在心理状态。动机常与本能、驱力、需求、诱因、惧怕、目标、压力、自信、兴趣、好奇、成败归因、信念、价值等意义相连。有些心理学家甚至以个人特质或个体性格等因素来解释动机。例如，有人有强烈的成就动机，所以就表现出努力工作以获取成就；有的人生来就有测试恐惧，所以屡屡表现为逃避考试；有的人天生热衷艺术，所以终身以艺术为业。不过，在很多情况下，动机往往是特质与状态的结合，例如学生用功读书，可能既是好奇求知，又是老师压力所致。

关于动机在学习中的作用，心理学界尚有不同观点。有的心理学家认为，没有动机，任何学习都不会发生；有些心理学家完全否认动机是学习过程中的一个重要变项；有的心理学家则认为，动机在学习中是一个很有效能的因素，它能够大大促进学习，然而这并不意味着动机是不可缺少的条件。例如，人类生活中的许多学习活动，可以在没有任何明确学习意向的情

况下而偶然地发生。

但是尽管如此,我们还是确信,要长期有效地进行有意义的学习,动机是绝对必要的。长期的有意义学习,如掌握某一门学科的知识,需要个体不断地做出积极的努力,把新的知识经验组合到自己的认知结构中去。它要求个体具有集中注意、坚持不懈以及提高对挫折的忍受性这样一些意志与情感方面的品质。我们可以设想,一个人如果没有内在的需要作为驱力去做某件事情,特别是做一件对他而言毫无兴趣的事情,他是不可能做出持久努力的。长期的有意义学习,对于毫无知识需求的学生来说,也是不会做出努力的。他们表现出一种不能胜任有意义学习的心向,不能获得各种精确的意义,不能把新的材料与自己已有的观念组合起来,也不能根据自己特有的经验和词汇重新阐述新的命题,此外,他们也不会花费一定的时间和精力去练习和复习。这样,他们所习得的知识就不巩固,也谈不上为随后的学习打下基础。

社会工作的学习是一项长期的有意义学习,要使学习获得预期效果,激发和维持学生的学习动机是专业教学中的重要任务。曾华源主张,在实习教学中,学生动机的激发和维持应做到以下几点。[①]

---

① 曾华源:《社会工作实习教学——理论、实务与研究》,第84页,台湾五南图书出版公司,1987。

①了解并配合学生的心理需求。学习动机受许多内外在因素影响，因此，影响需求动机的因素，也因人而异。例如：有些人的学习过程企求安全感；有些人想获得别人的反应和接纳；有些人对学习有好奇心；有些人想证明自己的能力；还有些人想得到别人的赞许，等等。因此，实习教学者必须根据学生在学习上的不同心理需求，采用不同的方式和适当的态度进行配合。

②帮助学生寻找差距以增强求知欲。学生没有学习动机或动机不足，往往源自对已有知识的满足，因此，帮助学生寻找和认识自己的不足和差距，就可以激发起追求知识的需求和动机。帮助学生寻找差距以引发不足感的方式很多，例如，通过面谈的方式让学生觉察他所想做的和他实际做出来的结果之间存在较大差异，就能使他产生不足感；或采用问题讨论的方式，让学生自己意识以现有能力难以解决所面对的问题，由此产生不足感；或是采用探讨的方式引发学生好奇心，而产生学习动机。帮助学生寻找差距以引发不足感，有时难免会带给学生挫折感，要注意在寻找差距时，能以充分的尊重态度和支持的行动同时帮助指明学习方向，有助于激发学生的学习动机，防止因产生挫折感而退缩。

③引发学生对所学产生价值感。通常说明学习对个人的意义或说明教学内容的有用性时，会使教学目标成为个人目标，

常可以引发学习者的学习动机。实习教学者应该利用机构的工作向学生说明,不同的理论、不同的方法、不同的技巧、不同的素质的工作员,对不同问题的解决、不同对象提供的服务,产生不同的效果和作用,使学习者认识到,自己所从事的学习,将来对社会是有用的,有价值的,因而会产生强烈的学习需求和动机。

④学以致用。如果安排的学习机会是在学生学完后马上就能投入为案主提供服务,或解决当前的问题的话,学生就会有高度的学习动机和学习效果。因此,教师应该善于利用学生实习的机会,要求学生事先复习课堂上所学过的理论知识,同时阅读和实习有关的新材料。

⑤鼓励学生参与学习过程。当个人越需要为自己的学习负责时,个人的学习动机就越强,学习积极性就越高。而让学生有机会参与学习过程,是促使学生为自己学习负责的重要途径。因此,要有机会并鼓励学生参与教学计划的制定和执行过程,让学生表达个人的学习要求和意愿,让学生有对教学内容提出问题,甚至表示怀疑和反对意见的机会。

⑥建立可实现的学习目标。班杜拉认为,自我效能是影响行为的一个重要的认知中介变量。所谓自我效能,是指人们在特定的情况下对自己行为能力的自我评估和判断。人们在考虑行动时,总要对自己能否完成这项工作以及所需的能力做出评

价，这种自我效能感不仅影响人的思维，而且影响人的情感和行为。例如，人们往往逃避那些他们认为超出其应付能力的活动，而自信地乐于从事那些自以为有能力做到的事。最能引起和改变个人认知的因素，就是由于成功而体验到的自我效能感。

因此，教学者为学生制定的学习目标应该切合实际，考虑学生是否能够达到。当学习目标或期望超出学生的能力无法达到时，学生就会感觉挫折感而放弃学习。当然，目标或期望也不能定得太低，不经努力就能实现的目标并不能触发行为人的成就感。学习目标的高低应该因人而异，除了个人能力之外，还要考虑不同个人的自我效能感。通常，自我效能感较高，且与自己能力相符的人，可以给予较高的目标或期望；自我效能感较低的人，常常避难就易，害怕压力和失败，因此，目标和期望可以定得低一些，以便逐渐提高其信心。另外，根据学习是一个分层次按阶段发展过程的理论，教学者在确定总的学习目标的同时，还应确定不同学习阶段的具体的学习目标，引导学生在实现了目前的学习目标后，向更高层次和阶段的目标努力。如果只有总的学习目标而无每个阶段的具体目标，学生就会感到目标遥不可及而放弃学习。

⑦及时评估并回馈学习成效。对学习成效进行评估及回馈，是教学过程的一个重要阶段。加涅认为，"学习的每一个动作，

如果要完成，就需要回馈。"就是说，教师必须尽可能及时、准确地把学生学习的结果告诉他们。教师的评价、打分、甚至点头、微笑等细微的情感表示，都可以达到强化学生行为的目的。因为学生的学习心理结构中存在自动调节的机制。人们在学习过程中，通过对行为的自我判断，可以产生自我满足，也可以引起自我奖励，使行为得以形成；达不到目标时，则可以自我惩罚，或产生矛盾冲突。人们通过自我调节的作用，改变自己的行为，形成自己的观念、能力和人格。而研究表明，人们的自我评价判断，往往依赖于他人如老师、同辈和家长的评价。

对学生学习成效的评估和回馈要做到及时和准确。及时是为了随时发生对学生学习状况的调节作用；准确是指包括正向和负向的评估及回馈。许多教学者常常只给予正向的回馈，而不敢给予负向的回馈，或是回馈与评估内容较为一般性或模糊。虽然学习者在学习过程中需要成功或正向增强，然而学习者一般都具有自我评估的能力，如果给予无差异性的评估，或低于学生自我评估的标准，则会使学习者失去对教学者的信任。有研究表明：当学生做错时给予负向的回馈，比做对时给予正向回馈更有助益，但最好的方法是，要告之他们为何错误，及如何改正。若没有此类回馈，可能又会犯相同的错误。对于教学者而言，根据学生的学习状况给予符合实际的评估及回馈是必要的。不管这种评估和回馈是正向的还是负向的。需要注意的是，教学者不能在给学生负向回馈的同时带有任何情感上的厌恶和人格上的歧视。

⑧以生动活泼的方式进行教学。学生的学习动机往往源于学习兴趣，而学习兴趣往往取决于教师的教学方法。同样的学习内容，如果用僵硬刻板的方法教学，往往会引起学生反感而降低学习兴趣；若采用生动活泼的方法教学，则会提高学习者的兴趣。因此，实习教学中应注意教学方法的选用和改进，尽量将讲授法、个案研讨法、团体讨论法、角色扮演法、问题解决法、实际操作法等多种方法穿插运用，并做到每种方法各有特色，使学生始终保持较高的学习兴趣投入实习过程。

4. 教师应与学生建立良好的教学关系

当代国外学习理论普遍认为，一个人若生活在一个关系融洽、和睦、健康上进的群体中，与他人的交往密切；彼此能相互悦纳、帮助，思想能产生共鸣，感情能相投，就有利于他的学习。反之，就会阻碍他的学习。布鲁纳就谈到，师生间密切的合作是发现学习的基本前提之一，教师在教学中，不仅是知识的传授者，还是做人的模范，他影响学生的知识和智能的发展，思想品德的形成和精神面貌的好坏。班杜拉认为，在影响注意的各种条件中，人与人的相互关系是至关重要的。人本主义学习理论更强调师生关系在学习中的重要影响作用。罗杰斯明确指出，教师的教学技术、精博学问、授课计划、教学手段等因素对学生学习的影响作用,远不如教师和学生之间相互关系来得大。他认为,在真诚、尊重和理解的气氛中,人们的态度会从僵化刻板转向灵活变通;生活方式会从墨守成规转向富有创新精神。

在实习过程中,教师和学生的关系,同样是影响学生实习成效的最为重要的因素。当师生双方互动的结果,在学生内心产生负向情绪时,学生就会趋向运用各种方法以抗拒或逃避学习;当教学关系良好时,教学者的期待会变成学生的学习动力和目标。建立良好的教学关系,应该做到。

①明确教师在教学中的角色。人本主义学习理论强调师生间必须建立良好的人际关系,这种关系不是"赐予"与"被赐予"的关系,或绝对平等的"朋友"关系,而是在学习过程中,教师应当担当学习的促进者、鼓动者和学生的帮手、助手的角色,尽量避免对学生做出强制性的命令、决定,使学生对老师有值得信赖、和蔼可亲之感。

②清楚阐明双方的角色期待。当个人清楚了解自己的角色伙伴对自己行为有何期待时,就较能采取适当的行为表现,以满足对方期望或个人需求。但中国人常常有不把个人期望清楚表明的性格倾向,却希望对方能了解他的期待,这样在角色互动中常常会造成误会。实习教学是教师和学生的互动过程,双方应把自己对对方的期待明确告诉对方。明白了双方的角色期

待，就能在教学中有较好配合，避免不必要的冲突。

③建立接纳与宽容的学习气氛。学习意味着探索、实验和冒险，失败、错误和不足是学习过程的组成要素。如果教学关系中没有接纳的态度和宽容的精神，学生就会没有安全感和信任感。根据马斯洛的需求层次理论，安全是人的需求层次中最低层但最重要最基本的需求，这类需求不能得到满足，较高层次的认知需求、自我实现需求即学习动机也不会产生。所以，教学者应当对学生可能出现的失败、错误和不足采取接纳宽容的态度，以增强学生的安全感。

当然，接纳宽容不是一味的迁就，不是不对学生提任何要求，不是不对学生的学习状况进行及时准确的评估和回馈。如前所述，对学生的失败、错误和不足要敢于进行负向的回馈，只是在回馈的同时要指明改正的办法，而不要表现出厌恶和歧视的态度。

5. 要把专业价值观的培养放在实习教学的重要位置

人本主义学习理论相当重视人的价值观和态度体系在学习中的作用。罗杰斯认为，一个人做什么，甚至于他的学习达到什么水平，在很大程度上取决于他对自己的看法。如果一个人的自我概念和实际经验，同他的自我实现的趋向相一致时，就会产生一种积极的经验和体验，有助于提高学习的效果和效率；反之就会影响和妨碍学习。就是说，当一个人对所从事的学习活动的内容和作用的意义有深刻的理解,把这种学习活动的意义同自己自我实现的目标紧密结合,并从这种学习活动中得到积极的经验感受和正面的自我评价,那么,他的学习动力就足,成就就大。可见,学习过程不仅仅是学生获得知识、技能和发展智力的过程,同时还是学生情感发展和价值观培养的过程。专业价值观的培养是专业教育的重要组成部分。

社会工作是个以价值为本的专业,价值的重要性不仅在于它界定社会工作的目标和意义本身,而且还在于它同时界定社会工作的目标和社会工作者的行为和态度。社会工作专业教育要是脱离了价值观教育,就会是个失败的教育,不仅无法培养具有献身精神和服务意识的专业工作人员,就连社会工作的方法、技巧也无法掌握,因为作为社会工作的灵魂,价值观是贯穿于整个学习内容的。社会工作实习中的价值观教育应做到。

①引导学生对社会工作的价值体系形成综合的概念。社会工作价值是一个内容丰富且具有内在逻辑的体系。北京大学夏学銮教授把它分为四个层次,即社会价值、专业价值、专业伦理和操作守则。[①] 社会价值是整个大社会所崇尚的基本价值,它是社会工作价值体系的基础层次,包括平等、信誉、独立、礼貌、抱负、勤奋和竞争等;专业价值是社会工作专业的国际普

---

① 王思斌主编:《社会工作概论》,第90页,高等教育出版社,1999。

遍性原则，包括敬业、接纳、自决、个别化和尊敬人；专业伦理指社会工作者的职业道德操守，是社会价值和专业价值的具体表现，包括社会工作者的行为举止、对当事人的伦理责任、对同事的伦理责任、对雇主和雇佣组织的伦理责任、对专业的伦理责任、对社会的伦理责任等；操作守则是在各个层面上的价值理念的具体应用，表现为社会工作的各种原则和技术。

据了解，中国内地社会工作专业课程设置中，一般都没有独立开设的社会工作价值教育的课程，有关社会工作价值的内容一般都结合具体的方法和实务课程分散地学习，难以在学生头脑中形成社会工作价值体系的综合概念。社会工作实习提供了将社会工作价值体系中不同层次内容进行整合并加以应用的机会，教学者应在实习过程中清楚讲述社会工作价值体系不同层次的内容及要求，并引导学生在行动中努力实践之。

②强化情绪体验以促进学生对社会工作价值的信奉。教育心理学的研究揭示出，人们社会行为规范的接受一般要经历依从、认同和信奉等三个基本的发展阶段。有一些学习社会工作的学生不一定完全接受社会工作的价值观，在行动中往往表现出消极的依从态度。这是一种不足为奇的正常现象。教育者所要做的不是去歧视和责备他，而是要善于运用实习中角色互动的情境，通过典型案例的展示、通过资深工作者的示范、通过引导学生亲手操作，强化学生对价值规范的情感体验，促进学

生仰慕榜样、追求成功、承担责任等心理情感因素的养成，使学生从依从，经认同，达到对行为规范信奉的最高接受水平。

③教师要做遵从价值观的模范。班杜拉的观察学习和榜样学习理论认为，大多数人类的学习都不是由结果直接构成，而是直接源于榜样。并提出，示范刺激（榜样）的地位高、有威望，则观察学习者行为的相似性就高。在实习中，教师是学生心目中的榜样，是学生经常观察的对象，教师的思想和行为对学生影响很大。在价值观教育中，教师不仅仅要会讲，而且要会按社会工作价值的规范要求去做。"做"不仅仅单指在对案主的服务中体现，还包括在与学生的互动中要真正体现社会工作的价值理念和行为规范。如果教师在与学生的关系处理中，不是以平等的态度相待，而是以教导者自居；不是以接纳的态度相待，而是百般挑剔；不是尊重学生的自决，而是处处包办代替；不是善于倾听学生的诉说，而是表现极不耐烦，那么就不可能帮助学生培养良好的社会工作职业道德和行为规范。

总之，教学工作是教与学双方互动的过程。对社会工作实习教学工作而言，教学者的教学方法和态度，反映了他的专业知识和技巧的层次。学生将在与教学者互动时，观察并获得替换性学习，因此，实习教学者应在教学前做好充分准备，除了复习掌握各种有关理论和知识外，还应熟悉上面所述的各项教学原则和技巧。

当然，这些原则和技巧并不是彼此分割独立运用的，它们需要在教学过程中配合使用。社会工作实习教育的目标不仅是使学生获得经验，更重要的是能整合各种知识，获得工作所需的原则与技巧，包括调适自己的态度。因此，实习教学者不能只是在运用技巧方面教导学生，他必须是一个能整合知、觉、行于一体的人，这样才能在教学过程中，用以身作则的模范行为影响学生，起到潜移默化的作用。

第三章

社会工作实习的形式与内容

第一节 社会工作实习的形式

实习形式是社会工作实习教学的重要构成要素。为了完成实习任务，提高实习教学的质量，除了依据一定的内容，遵循实习教学的规律和原则，采用恰当的教学方法外，还必须选择和确定合适的实习形式。

第三章 社会工作实习的形式与内容

一 实习形式的概念与功能

1. 实习形式的概念

实习形式也称实习组织形式,它是指教师和学生按照一定的制度和程序而实现的协调的实习教学活动的结构形式。实习形式研究的问题包括。

①教学人员的组合形式。即确定学生是以个别形式还是集体形式参加实习活动;在不同的学生参与形式中,教师以什么方式与学生发生联系。

②实习时间和空间的安排方式。即确定学生是以集中的时间还是分散的时间参加实习;学生是在学校所在地还是学校所在地以外的地区参加实习;不同时间和空间安排方式与实习目标、实习内容、实习方法、实习教学评估之间的联系和相互作用。

③实习场所的安排方式。学生是到社会工作实务机构,还是到社会管理政府部门,或是城乡居民基层社区参加实习活动;不同实习场所安排方式与实习目标、实习内容、实习方法、实习教学评估之间的联系和相互作用。

④实习时机的安排方式。学生是在课堂专业课程教学期间,还是在课堂专业课程教学结束后参加实习;不同实习时机的安排方式与实习目标、实习内容、实习方法、实习教学评估之间

的联系和相互作用。

2. 实习形式的功能

实习形式即实习的组织形式在实习教学中处于落脚点的地位，实习目标、实习任务、实习教学的规律和原则、方法都要落实到一定的组织形式中，以一定的方式组合起来，才能发挥出各自的功能和作用。由于结构不同，组织方式不一样，就产生了不同的功能。因此，实习形式影响着实习教学的效率和效果，制约着教与学两方面积极性的发挥，关系到社会工作专业教育人才培养目标的实现。

①正确选择和确定实习形式，有助于形成科学合理的教学课程体系。专业教学的课程体系包括课堂课程和实习课程两个部分。两种课程既有区别又有联系。区别在于：课堂课程是专业教育的主体部分，它以专业的系统理论、知识、方法、价值的传授和学习为目标，一般采用教师课堂讲授的方法进行，有学科门类、教学时数及进度等方面的规定；实习课程是专业教育不可缺少的组成部分，它提供机会让学生能把课堂课程学习掌握的理论知识和方法技巧拿到实务情境中去运用，达到巩固专业理论知识、训练专业方法技巧、培养专业价值观的目的。联系在于：课堂课程学习是实习课程的前提和基础；实习课程是课堂课程的延伸和深化。正因为两种课程具有内在的逻辑联系，所以实习形式的选择和确定很有讲究，它在师生组合方式、

时间空间安排、场所选定、时机把握等方面，都要服从专业教育教学的目标、内容的需要，都要受教学规律、原则的约束。正确选择和确定实习形式，有助于形成科学合理的教学课程体系，而如果不按专业教育教学的目标、内容的需要，不按教学规律、原则的要求，随意确定实习形式，则可能打乱教学课程体系的内在结构，非但不能促进教学质量的提高，还会妨碍教学目标的实现。例如，有的院校在实习教学的时机选择上，不是按整个教学课程体系的进度要求，而是随意安排在课堂专业课程尚未开设的入学初期，这样组织的实习教学的效果是会大打折扣的。

②正确选择和确定实习形式，有助于教和学双方积极性的发挥。教学人员的组合形式是实习形式的核心内容。在实习活动中，学生是以个别形式还是集体形式参加；教师是以经常性的方式还是定期性的方式与学生发生联系，关系到实习教学资源利用的高低和实习教学成果的大小，关系到教师和学生能否发挥教和学两方面的积极性，关系到能否实现实习教学的理想目标。

教育教学发展的历史表明，教学组织形式适应社会发展和人才培养的变化需求，经历了个别教学到集体教学，再到个别与集体相结合的综合化，多样化形式的发展过程。从课堂课程的教学看，班级授课一直是教学的基本组织形式，因为它的优点是合理地确定了教学中教师与学生的人员组合,科学地安排了教学活动的组织程序,充分利用了教育资源,最大限度地发挥了教学系统的功能,大面积提高了学生的学习质量,多快好省培养了国家建设所需要的多种合格人才。但是,班级授课的教学组织形式也有局限性,表现在不能很好地照顾学生的个性差异,忽视因材施教。

实习教学跳出了课堂、班级的局限,可以根据个别化的原则组织教学,采用灵活的教与学的组合方式,有利于教与学,尤其是学生方面积极性的发挥。因此,正确地选择和确定实习形式,是实习教学中必须认真对待的课题。

③正确选择和确定实习形式,有助于专业教育培养目标的实现。社会工作专业高等教育的培养目标是培养合格的社会工作高级专门人才。但是,不同性质的学校、不同学历层次的高等教育、专业发展的不同阶段,专业教育的培养目标会有具体要求上的差异,例如:有的学校侧重培养社会工作宏观管理层面上的人才;有的学校侧重培养社会工作微观操作层面上的人才;有的学校侧重培养能从事社会治疗服务方面的人才;有的学校侧重培养能从事社会发展规划方面的人才;有的学校侧重培养能从事专业研究专业教育方面的人才;有的学校侧重培养能从事前线福利服务方面的人才;有的学校侧重培养能从事政府部门工作的人才;有的学校侧重培养能从事居民社区工作的

人才；等等。不同的具体培养目标，必须选择和确定不同的实习组织形式。例如，在实习场所的安排上，有的学校看重和选择到政府部门的实习；有的学校看重和选择到居民社区的实习；有的学校看重和选择到实务机构的实习。实习形式和培养目标的合理配合，将大大促进专业培养目标的实现。

二 社会工作实习的形式分类

社会工作实习组织形式，按照不同的角度进行观察，可以有众多的不同类型。

1. 以实习的时间安排加以区分的实习类型

实习时间的安排方式是实习形式的重要构成要素。以实习的时间安排方式作为标志进行区分，是社会工作实习形式最常见的分类方式。这种分类方式，把社会工作实习分为集中式实习和同步式实习两类。

①集中式实习。集中式实习也称为间隔式实习，是指实习活动与课堂课程的学习活动间隔开，单独集中一段时间进行全日制的实习。譬如在学期中或假期中，集中几个星期或几个月的时间进行实习。

集中式实习有利也有弊。集中式实习的利表现在以下一些方面。

第一，学生能全身心投入实习活动。因为集中式实习采用实习与课堂课程学习间隔开的方式组织，学生没有其他课程学习的压力，不会因为其他课程的作业和期中、期末考试的压力而分散实习的时间和精力，学生可以全身心地投入实习活动，有利于实习质量的提高。

第二，学生可以全过程了解和掌握机构运行状况及服务案主的程序。社会工作实务机构或政府管理部门的运行有内在程序和规律。其工作内容在时间上表现为有连续性。集中式实习可以让学生在相对集中的一段时间里参与机构的活动，便于学生了解和掌握机构运行的状况，以及完整的工作程序。不会因为有时在机构有时在学校而错过了许多实践学习的机会，更不会因此而打乱为案主提供服务的程序。

第三，可以打破实习地域选择的限制。实习教学一般是一个年级同时组织，有时不同年级的实习也可能同时进行。当实习学生多而实习机构少，尤其是相当服务性质的机构少时，往往会造成无处安排学生实习的困境。集中式实习可以打破实习机构地域分布的局限，安排学生到较远地点的机构进行实习，学生不至于因为奔波于学校和机构之间而影响课堂学习和机构实习。

第四，有利于教师集中时间和精力进行督导。教师督导是保证实习质量的重要环节。学生实习一般地点分散，实习机构服务性质不同，且督导一般采用个别接触的方式，所以一批学生实习往往需要配备多位教师进行督导。在目前国内各院校都无专职实习导师的情况下，集中时间的间隔式实习，可以使教师承担实习督导与承担课堂课程教学的时间也间隔开，有利于教师集中时间和精力进行实习督导。

第五，有利于学校与机构在实习安排时进行协调。实习机构的选择和联系关系到实习活动安排能否顺利进行。实习机构选定的首要原则是服从实习目标和内容的需要，保证实习的质量和效果。但是，实习机构的意愿和要求也是要考虑和尊重的，尤其是在当前国内专业社会工作机构较少的情况下，更要照顾到实习机构的需要。一般说来，机构对于集中相当一段时间的连续性的实习学生较欢迎。因为这样便于机构将安排学生实习与开展正常工作进行统筹计划，可以将学生实习活动所提供的服务作为机构阶段性工作的有机组成部分进行考虑，也可以合理安排机构人员做学生实习的导师。如果是一星期去一二次的时间分散的同步式实习，机构会因为时续时断的提供实习机会而感到不便，甚至会觉得加重负担。

集中式实习的弊端表现在这样几方面。

第一，较难促进学生在知和行方面的整合。集中式实习采用课堂课程学习和实习学习间隔开的形式组织进行，这样就将以把握理论知识为主要目标的课堂课程学习，和以进行情境实践为主要目标的实习活动在时间上截然分开了，学生在课堂学习阶段较少机会有实践体验，而在实习阶段又难以将遇到的问题带回课堂与理论知识进行对照，不如边学习课程内容边进行实习的同步式实习那样，可以及时将理论知识与情境实践中的体验进行沟通与整合。

第二，较难体现实习的学习取向的特性。如前所述，社会工作实习的基本特性是学习。这一特性把社会工作实习同机构新进成员的学徒式行为加以了区分。但是在集中式实习中，尤其是在实习与就业相联系的集中式实习中，机构往往把实习学生当做是新进成员来对待，过多地安排他们去做一些与实习教学的目标和内容相去甚远的事务，对学校的实习要求不太配合。而学生也往往出于就业的考虑而抛开了自己的学生身份和学习使命，把自己完全视同一个机构的新进成员，在有限的实习时间里做的大量的都是与实习要求关系不大的日常事务性工作。

第三，较难获得需要较长周期才能结案的完整的个案处理经验。社会工作实习有时需要参与一些难度较大、需较长时间才能结案的个案的处理全过程。但是集中式的实习，尤其是时间较短的集中式学习，往往无法与案主保持自始至终的长期联系，常常是实习的时间到了，而一个个案还没有结束。对学生来说，完整的个案处理经验没有获得；对案主来说，中途更换辅导人员还需重新适应；对机构来说，需将没有结果的个案转介其他人员接手，三方的利益都有损失。

②同步式实习。同步式实习也称并行式实习,是指实习活动与课堂的学习活动穿插安排,实习与其他课程的学习同时进行。譬如在同一个学期内,每周安排一二天的实习,同时又安排三四天的其他课程学习。

同步式实习同样有利也有弊。同步式实习的有利表现在。

第一,能整合课堂和实习所学内容而促进知行统一。同步式实习采用课堂课程学习活动与实习活动穿插安排、同步进行的方式,便于学生将课堂学得的理论知识及时运用到实习情境的服务中去,同时也便于学生把实习中遇到的问题或获得的感受及时拿回课堂中去,通过教师的指点而上升为理论知识,不会造成知与行之间的长时间脱节。

第二,有利于体现实习的学习取向的特性。同步式实习期间,学生每周一二天在机构实习,剩余时间则回学校上课,由于在机构的时间不多,且与学校保持着密切的联系,故机构难以将其当做是自己的新进成员,在工作安排上也较能配合实习的要求而尽量让做一些与实习内容有关的事务。同步式实习一般在较低年级安排,而不作为学生就业前的毕业实习的组织形式来考虑,学生奔走于机构与学校之间,又没有就业寻找职业的压力,所以较能记住自己的学生身份和学习使命,在实习中的动力也更多来自于增长和完善知识结构和技能水平的追求。

第三，可以获得需要较长周期才能结案的完整的个案处理经验。同步式实习一般时间拉的比较长，如跨一个学期的半年时间或跨两个学期的一年时间，这样就能参与一些难度较大、周期较长的个案的处理全过程。一般的个案处理，并不需要与案主天天保持接触，而是一个星期或两个星期会谈一次，这正好与同步式实习的时间安排相吻合。学生可以通过完整的个案处理获得完整的经验；案主可以在完整的人际互动关系中接受辅导帮助；机构也不用经常找人员接手被人中途搁下的未结束个案，三方利益都得到维护。

同步式实习的弊病表现在以下一些方面。

第一，有时会影响学生实习精力的投入。因为实习与其他课程的学习同步进行，且两种学习在方式方法上又有很大差异，往往对学生造成两头都要兼顾但两头都照顾不好的压力。尤其当其他课程的作业量增大或期中、期末考试期间，学生往往会因作业或复习迎考而减少实习的精力投入，会妨碍实习效果的提高。

第二，可能丧失一些了解机构和服务案主的学习机会。在机构自身的运行以及为社会提供服务的过程中，有许多学习机会可能是不定时的，同步式实习的学生时而在机构时而在学校，对于机构日常运转的整个过程不能全面把握，会因此丧失许多学习的机会。尤其是一些需要集中时间组织开展的活动，如大型调研活动的开展；大型筹款活动的组织；大型会议的筹备；大型服务活动的策划；大型社区行动的推进等，都需要集中人力、集中时间来开展。实习学生如果能参与这些活动的全过程，既可以为活动的顺利开展出上一份力，又能从中学到许多东西，但如果采用时来时去的同步式的实习形式，就会丧失掉许多学习机会，因为机构不可能为了迁就学生的实习形式而对活动做出时做时停的安排。

第三，不能做异地实习的安排。因为是实习与其他课程学习同步进行，学生需在实习机构和学校之间经常往返，所以在实习的地域分布上不能离学校的距离太远，这样就只能在学校所在地不远的范围内选择实习机构，在距离较远的地方即使有十分适合的实习机构也不能考虑。

第四，教师会因讲课和实习督导同时进行而分散精力。同步式实习的每周督导课时量相对较少，教师会因担当较多的课堂课程教学任务而忽视对学生实习的督导。

第五，学校和机构在实习安排上较容易发生矛盾。机构一般希望学生实习的时间较集中，这样便于机构对实习学生工作任务的安排，也便于机构指派人员对学生实习进行指导。但同步式实习学生到机构工作的时间较零散，机构会因此感到工作不便和负担较重，久而久之会失去与学校配合安排实习的兴趣和积极性。

综上所述，集中式实习和同步式实习是两种各有特色、各有利弊、各有其适应性的实习组织形式，每个学校都应根据各自教学计划所定的目标、要求及课程结构选择合适的实习形式，脱离了不同学历层次、不同培养目标、不同年级水平、不同地区机构状况等实际情况，很难判断哪一种实习形式有利而哪一种实习形式不利，应该以哪一种实习形式为主而以另一种实习形式为辅。

从中国内地的情况来看，现在开办社会工作专业的院校中，选择集中实习形式的院校略多于选择同步实习形式的院校。根据1999年11月召开的中国社会工作教育协会第二届年会的资料（见第一章）显示：在统计的32所开办社会工作专业教育的院校中，采用集中式实习的有28所，占全部统计院校的87.5%；采用同步式实习的有17所，占全部统计院校的53.1%。在统计的全部32所院校中，有13所院校是两种实习形式同时采用、交替安排；有15所院校只采用集中式而不采用同步式组织实习；有4所院校只采用同步式而不采用集中式组织实习。

2. 以实习的地点安排加以区分的实习类型

实习地点的安排方式即实习的空间分布形式是实习形式的又一重要构成要素。以实习的地点安排作为标志，可以把社会工作实习分为当地实习和异地实习两类。

①当地实习。当地实习是指学生的实习点与学校在同一个城市。这类实习形式具有以下一些好处。

第一，方便教师对学生的实习督导。因为是在学校所在地组织实习，教师可以随时到实习点去了解学生的实习情况，也可以定期不定期地把学生召回学校了解情况，对于学生实习中遇到的问题和提出的要求可以给予及时的解答和满足，方便教师按计划有步骤地对学生实习进行督导。遇到一些特殊的情况，教师也可以做及时处理。如学生不适应原定的实习机构时，或机构不满意学生的实习表现时，教师可以根据需要做及时的更换调整。

第二，可以与不同的时间安排方式进行搭配。因为实习点与学校同在一地，所以既可采用实习活动与课堂课程学习活动间隔开的集中式的实习时间安排，又可采用实习活动与课堂课程学习活动穿插交叉的同步式的实习时间安排，不必担心空间距离太远而不便于学生往返学校与实习点之间。

第三，方便实习学生的食宿安排。实习期间，尤其是集中式实习期间，如果实习机构有条件安排学生的食宿（尤其是住宿），学生就不必每天往返于学校与机构之间；如果机构没有条件安排学生的食宿，因为采用的是当地实习的形式，所以学生也可回学校或原居住地点（如走读生的家庭、宿舍等），不必因为住宿问题而影响学校的实习安排。

当地实习也有一些局限性。

第一，实习机构的选择范围较小。当学校所在城市专业服务机构较少，尤其是符合实习目标的专业服务机构较少时，就会遇到安排学生学习的困难，为了集中在当地安排较多学生学习，有时不得不降低对实习机构的选择标准，安排学生到一些与专业要求相差较远的机构去实习。

第二，往往同学生的就业取向发生矛盾。实习的基本特性是学习，这是不能怀疑和动摇的。但是，实习尤其是毕业实习，往往同学生的就业目标联系在一起。强调当地实习的一致性要求，往往同学生异地就业的目标和行为发生矛盾冲突。

②异地实习。异地实习是指学生的实习点与学校不在同一个城市，学生离开学校所在城市到别的城市或乡村参加实习活动。异地实习又包括学生回家庭（生源）所在省区实习和跨省区实习两种。这类实习形式有以下一些好处。

第一，实习机构的选择范围较大。学校可以突破地域的局限，完全按照实习目标要求来选择合适的实习机构安排学生实习。

第二，便于同学生的就业取向进行协调。因生活习惯、家庭意愿，以及现有就业体制等因素的影响，有相当一部分学生毕业后要到家庭（生源）所在省区进行就业；因各地就业机会、收入水平，以及对专业认可程度的不同，有相当一部分学生毕

第三章 社会工作实习的形式与内容

业后要到既非家庭（生源）所在地、又非学校所在地的省区进行就业。加之一些人员录用单位往往提出实习考察的附加要求，所以一些学生的毕业实习往往是学习取向和就业取向的统一。如果一律要求学生参加当地实习，就会造成学校实习要求和学生就业取向的矛盾冲突，允许和组织安排学生进行异地实习，就能摆脱这一困境。

第三，异地实习还有利于学生开阔视野、增加阅历，从不同地域的专业发展状况的了解比较中加深对专业的理解和对自我的认识，克服局限在同一地域的学习实践活动而容易产生的片面的观点和片面的思想方法。

异地实习也有局限性。

第一，教师难于对学生进行及时有效的督导。如果有条件安排教师与学生一起到学校所在城市之外的城乡开展实习活动，那么教师的实习督导作用会与当地实习的形式相同。但是学生的异地实习一般较分散，难以在每个实习点所在地都安排配备督导教师。一般情况下，教师只能在学校所在地通过电话和通信同学生，以及学生的实习机构保持联系，这样就较难了解学生的实习状况，较难对学生的问题和要求做出回应，更难对实习中出现的特殊情况做出及时处理。因为对机构的反映和学生的表现不能进行及时、准确、全面的把握，所以对学生实习的评估也难以公正、客观。

第二，不能与同步式的实习形式相配合。因为是在学校所在地之外的地方组织实习，且学生分布又较零散，所以不可能在实习活动的同时再组织其他的课堂课程教学活动。

第三，食宿安排难度较大、实习经费花费较多。因为在非学校所在地组织实习，所以另外提供食宿条件是顺利开展实习活动的必备前提，如果要求实习机构提供住宿条件，会给机构增加压力和负担，如果由学校或学生来解决住宿问题，则会增加实习经费的支出。另外，异地实习还须增加往返交通的开支。一般说来，异地实习比当地实习所需经费要多出许多，不管这经费是由学校负担还是由学生负担。

3. 以实习的场所安排加以区分的实习类型

实习场所的安排方式是实习形式的又一重要构成要素。以实习的场所安排方式作为标志进行区分，可以把社会工作实习分为专业机构实习、政府部门实习、居民社区实习等不同的实习类型。

①专业机构实习。专业机构实习是社会工作实习中最普遍实行的实习形式。西方国家及港、台地区谈论的社会工作实习一般也是指专业机构实习。专业机构实习是指把学生安排到专业性的社会福利服务的业务机构如老人院、儿童福利院、精神病院、残疾人康复中心等场所，或者安排到专业性的社会福利服务的中介组织如青少年发展基金会、残疾人联合会、老龄委、

慈善总会等场所进行实习活动的形式。学校、医院等虽然不是专业性的社会工作机构，但其中包含有直接为民众提供服务的工作岗位如学校社工、医疗社工等，所以可以把安排到学校、医院等场所进行的实习，也归入专业机构实习一类中。

专业机构实习具有一定的优势。

第一，学生有较多机会从事与专业有关的实践活动。因为是专业性的社会福利机构，大量业务工作围绕为案主提供服务而开展，学生有较多机会从事与专业有关的实践活动，即便不直接与案主接触，从事的机构日常事务性工作也与社会福利服务的机构运行管理有关，也属社会工作专业学生必须了解和掌握的知识和技能。

第二，有利于直接社会工作的理论和方法的学习的深入。专业性社会福利服务机构以开展直接社会工作为主，运用个案工作和小组（团体）工作的理论和方法，服务案主的机会较多，学生在机构实习，可以将课堂学得的理论知识与实务情境中的态度和行为进行整合，深化直接社会工作理论知识和方法技巧的学习。

第三，可以促进社会工作专业价值观的确立。因为有较多机会与社会上的需要帮助的困难群体进行接触，能深入了解困难群体的处境及需求，实习学生可以从中培养自己的社会责任感和满足感，从而坚定为专业献身的决心和信心；在与案主体系的直接接触及互动中,可以反省检视自己的感受和态度,并做出及时调整,在为别人提供服务的过程中得到自身的改变和提升。

专业机构实习也有它的局限,主要表现以下两方面。

第一,获得的经验较为狭窄。专业机构一般都是某一专门领域的专业服务组织,服务的对象较为单一,采用的手段也较为雷同,学生长期在此机构实习,可以熟悉和掌握这一专业机构的服务程序和技巧,但对别种类型的服务较为陌生。在目前中国内地社会工作专业分工不细、专业性服务机构不多的情况下,学生毕业后不一定能够进入与实习内容相同的专业机构从事服务,这样看来,专业机构实习给学生提供的实践经验就显得较为狭窄,它为日后工作提供借鉴的价值也会打折扣。

第二,可能为学生提供负面的心理感受。专业机构的直接服务对象多为老年人、残疾人、精神病人、智残儿童等,他们的体态容貌及语言行为与一般的社会成员有较大差异,为他们提供服务需要有很坚定的专业价值观和很精深的专业方法和技巧。但是实习学生往往不具备这样高的专业素质,如果在实习中没有资深的督导教师和指导人员进行引导和帮助,常常会使学生产生失败、无奈、厌烦、躁虑等负面的心理感受,久而久之会使学生形成反专业价值的心理结构和行为模式,这是与社会工作专业教育的目标背道而驰的。在目前中国内地社会工作专业的社会认知度低,而大学生个人、家庭和社会的期望度普遍较高的情况下,尤其要注意避免以上情况的出现。

②政府部门实习。政府部门实习是社会工作实习中经常采用的一种实习形式。政府部门实习是指把学生安排到与社会福利服务相关的政府部门如民政、劳动与社会保障、卫生、教育、公安等系统的各级领导机关,以及属下的行使管理职能的事业单位如社会福利中心、社会保险基金管理中心等场所进行实习活动的形式。在中国内地,像工会、共青团、妇联这一类的社会群众团体,工作人员以国家公务员身份进行管理,从事的工作有许多也带有行政管理色彩,常常被称作准政府或半政府部门,所以可以把安排到工、青、妇系统各级机关进行的实习,也归入政府部门实习一类中。

政府部门实习有以下一些优势。

第一,学生有较多机会从事与社会福利服务宏观政策制定与执行管理有关的实践活动。与社会福利服务相关的政府部门或准政府的社会团体,很多工作和社会福利服务宏观政策的制定与监督执行有关,在这些场所实习的学生有较多机会接触了解和参与其程序过程以及具体环节,其间的经验和感受可以为学生日后的工作提供一个较宏观的政策知识背景和全面把握事物的思维方式。

第二,有利于间接社会工作理论和方法的学习的深入。政府部门从事的多为间接社会工作，如专业政策的制定、专业标准的评估、福利服务系统资源的分配等属于社会工作行政管理方面的一些事务，运用社会工作行政管理的理论和方法为社会提供服务的机会较多。学生在政府部门实习，可以将课堂学得的理论知识与工作情境中的态度和行为进行整合，深化间接社会工作理论知识和方法技巧的学习。

第三，可以推进社会工作专业化进程。在中国内地现代专业化的社会工作推展的初期，由于社会福利服务的资源多集中在政府部门，且政府仍习惯于用行政手段提供社会福利服务，所以政府观念和行为模式的改变，是社会工作专业化进程的关键。学生到政府部门实习，在构建和完善自己的专业知识结构的同时，也在用专业的精神、专业的价值观和专业的理论方法影响着政府工作人员，影响着政府机关的政策制定和执行过程。在西方国家和港、台地区，社会工作实习较少提倡和安排学生到政府部门去，但在中国内地的现实情况下，可以把安排学生到政府部门实习看做是推动社会工作专业化的有效措施和策略。这样的安排，与现阶段中国内地社会工作专业教育的培养目标和就业导向也是一致的，与许多学生的就业期望也十分吻合。

政府部门实习也有它的局限。

第一，许多学生的实习活动可能与专业无关或关系不大。我国政府部门中，没有哪一家是专门从事社会福利服务行政管理职能的，有关的政府部门，除了社会福利服务外，还承担许多其他方面的社会事务的管理职能，有的同一政府部门开展的业务活动之间，相关性很小，差异很大。例如，民政部门是我国从事社会福利服务行政管理事务的主要政府部门，但是民政系统除了承担社会救济、社区服务、社会保障等与社会工作有关的社会事务工作外，还承担诸如地域勘界、地名管理、社团登记、基层政权建设等方面的事务管理工作。即使是与社会工作关系密切的某些机关部门内，也还有许多与社会工作专业无关的日常性的事务工作。社会工作专业实习的学生，如果被安排到政府机关中与社会工作关系不大的工作部门，或者被分派做一些与社会工作关系不大的日常事务性工作，虽然不能说一无所获，但至少在专业成长方面会有较大差距。

第二，可能使学生形成非社会工作专业的价值观和行为习惯。政府部门有其内在的运行规则和工作氛围，上下级分层明显、执行指令严格、行政化色彩浓厚、繁文缛节盛行等是机关事务的特点，在这里通行的权威、服从、一致性等价值观念与社会工作倡导的平等、自决、个别化等原则精神相去甚远。如果学生长期在政府部门参加实习活动，对政府部门的人员关系和运作程序深入把握并习以为常，久而久之可能会形成与社会工作专业价值相背的思想观念和行为习惯。在目前国内有许多大学生把进政府部门工作作为毕业就业的首选目标的情况下，社会工作实习的组织和督导，更要注意避免上述现象的产生。

③居民社区实习。居民社区实习是社会工作实习的一种重要形式，在目前国内各界普遍重视社区建设、社区发展、社区服务的背景下，居民社区实习更被社会工作专业实习所经常采用。居民社区实习是指把学生安排到城乡基层的居民社区，如街道、乡镇、居民（村民）委员会，以及社区范围内的社区活动中心、青少年活动站、老年活动站、社区居民求助中心等场所参加实习活动的形式。

居民社区实习的优势表现在以下几方面。

第一，有利于学生最真切地了解社会及把握社会工作的价值。由于社区是在一定地域内自然形成的居民生活的共同体，所以在一定意义上是大社会的缩影。社区的组织结构、社区的资源状况、社区的居民需求、社区的动力机制、社区的人际关系等，真切地反映了社会的面貌及社会工作专业的存在价值，所以居民社区实习活动有利于帮助学生全面了解社会、真切感受社会工作专业的价值和作用。相对于政府部门的实习而言，居民社区的实习由于更加贴近社会、贴近民众，所以能更真切感受民众对社会工作专业的需求及评价；相对于专业机构的实习而言，居民社区实习由于其服务对象不像专业服务机构那样单一，所以能更真实全面感受社会工作专业的发展现状及其存在的问题。

第三章 社会工作实习的形式与内容

第二，有利于社会工作专业理论和方法的整合。社区居民是分层次的，社区问题是多样性的，社区需求是多元化的，社区资源是潜在性的，要做好社区的福利服务，满足居民方方面面的需求，必须综合运用社会工作的理论知识和方法技巧。在这里，个案工作的理论和技巧、小组（团体）工作的理论和技巧、社区工作的理论和技巧都有用武之地，加之乡镇和街道社区是我国社会最基层的政府或准政府组织，所以社会工作行政的理论和技巧也派得上用处。居民社区的实习活动，十分有利于促进社会工作理论知识和方法技巧的整合，十分有利于培养社会工作专业通才性的人才。

第三，有利于拓展社会工作专业学生的就业渠道。目前中国内地社会工作专业发展的状况是：与社会福利服务相关的政府部门面临着职能转变、机构重组的任务，机构精简、人员分流的压力非常大，政府部门吸纳社会工作专业人才的能力很弱；在政府主导型的福利体制下，专业性的社会工作机构的成长慢、发展空间小，对专业人才的吸纳能力也有限。居民社区是社会福利服务资源和需求的交汇点，是行政性和专业化福利服务兼备的场所。在社会变迁加快、社会问题加剧、社会稳定成为居民的迫切期望和政府政策目标的情况下，社区建设、社区发展、社区服务成为了社会各界关注的重点。可以想像，居民社区的社会管理和福利服务，将成为吸纳社会工作专业人才的一个重要领域和岗位。组织学生到居民社区开展实习活动，能促进学生对社区的了解和专业知识技能的增长，能帮助学生树立从事社区服务的决心和信心，能提高学生在这一领域求职就业的竞争能力。

居民社区实习的局限性是缺少具有专业教育背景的人担当学生实习的指导老师。长期以来，在居民社区从事社会福利服务的人员大多是离退休的老大爷、老大妈、部队转业复员人员、街道企业转岗人员等，他们文化程度低，没有受过社会工作专业训练。近年来一些机关分流人员、企事业下岗人员充实到居民社区的工作岗位上，但专业教育的状况并没有多大的改变。长期以来，他们主要还是靠行政化的手段和经验性的知识来推动工作，对社会工作专业理论知识和方法技巧了解不多、掌握更少，因此在居民社区实习的学生多数不能受到专业方面的指导，学生在专业成长方面可能进步不会太大，如果专业意识不强的话，还可能被居民社区工作人员的观念及工作方法同化。这是组织居民社区实习活动中必须十分认真对待的问题，在这里，学校督导老师承担着关键的专业指导责任。

社会工作实习形式，还可以按其他的标志加以分类，例如以实习时机的安排方式加以区分，分成毕业实习和平时（非毕业）实习两类；以学生的组合形式为标志加以区分，分为班级实习、小组实习和个别实习三类；以实习内容为标志加以区分，分为服务案主实习、社会调研实习和项目策划评估实习等类型。因为不是主要的形式分类，不在此一一展开论述。

但是，在此需要说明的一点是：对社会工作实习形式进行分类比较，只是为了探讨各种不同类型的实习形式的优劣长短及其适应范围，以供实习活动的组织者和参加者选择，并不想在当事人的头脑中形成对社会工作实习形式的绝对分割的概念。而且事实上，任何一项具体的实习活动，都不可能是只以一个标志加以区分的单一类型的活动，任何具体的实习活动，都同时可以以时间安排方式、地点安排方式、场所安排方式等角度进行分类和考察。因此，可以按照实习的目标要求、学生的本人意愿、机构的条件和期望、实习经费的状况等因素，将实习形式的各构成要素进行组合，形成各不相同的实习形式。如当地专业机构的集中式实习；当地政府部门的同步式实习；异地专业机构的集中式实习；异地政府机关的集中式实习，等等。对于学校实习活动组织者和实习学生而言，要紧的是根据实习目标、要求和意愿，选择最适合的能取得最佳实习效果的实习形式。

第二节　社会工作实习的内容

实习内容是社会工作实习教学的重要构成要素。确定适合的实习内容并加以实施，是完成实习任务达致实习教学的目标、培养合格社会工作专业人才的关键环节。

一 实习内容的影响因素和确定原则

1. 实习内容概念的涵义

专业教育的教学内容，是学校传授给学生的知识和技能、灌输的思想和观点、培养的行为和习惯的总称。教学内容的表现形式，即专业教育所规定的教学计划、教学大纲和教科书。教学内容是一个比课程结构更宽广的概念，除了由不同的学科按一定的逻辑关系组成的课程结构外，教学内容还包括教学计划中的其他一些东西，如学生的实习内容、科研活动内容等。

由上述可见，实习内容是专业教育教学内容的组成部分。

社会工作实习内容是指社会工作实习活动的指向对象，即要求学生通过实习活动所接受的社会工作专业理论知识体系、专业方法技巧、专业伦理价值，以及专业行为方式的总称。社会工作实习内容的表现形式不是教科书，社会工作实习内容的承载媒体就是学生在实习活动中所从事的具体工作。

社会工作实习内容概念的特点表现在以下两方面。

①它不是形成于教学活动开展之前，而是体现在实习活动过程之中。专业教育的教学计划中，其他课程的学习活动以课堂教学为主要形式。组成教学系统的三个要素是教师、学生以及在教学大纲指导下编写的教材。教材作为学生应该掌握的知

识技能体系及思想政治观念的承载媒体，早在教学活动开展之前就已形成，它在教学过程中成为教师和学生交往活动藉以进行的手段和工具。

实习是不同于其他课堂课程的一种特殊的教学形式。在实习中，活动主体仍然是作为经验传授者的教师和作为经验接受者的学生。但是，作为师生交往藉以进行的手段和工具，已经不是教材而是实习学生从事的工作本身，它不是形成于实习活动开展之前，而是体现在实习活动的过程之中。

②它不是由同一个标准进行规范要求，而是可以根据学生的不同状况和意愿进行选择。专业教育的教学中，其他课堂课程的教学虽然会因教师水平的高低出现很大差异，但教学内容是以统一的教学大纲指导下编写的教材为依据的，理论体系、知识要点的教授及其考核按照同一标准规范要求；其他课堂课程的学习虽然会因学生水平的高低出现很大差异，但学习的内容也是以统一的教学大纲指导下编写的教材为依据的，学习重点、学习进度及其考核要求等在教学班内都是统一的。但实习教学一般情况下是以小组或个人为单位参与的，实习的场所和实习的督导、指导教师都不统一，因此，实习学生从事的工作都因机构而异、因学生而异，就是说，同一个教学班的学生，实习的内容是可以不一样的，是可以按学生的状况和意愿进行选择的。

2. 实习内容的影响因素

实习内容作为实习活动中连接"教"与"学"的中介媒体，是一个受众多因素影响的变量。从纵向的角度考察，随着社会政治、经济的发展，随着社会福利制度和政策的改进完善，随着社会工作专业及其社会工作教育的发展，社会工作实习的内容也发生了很大变化，不应该把社会工作实习的内容看做是一成不变的；从横向的角度考察，由于各国各地区社会经济发展程度不一，由于各学校各专业教育层次及培养目标不一，所以社会工作实习的内容也表现出较大差异，不能把社会工作实习的内容看做是千篇一律的。

下面讨论确定社会实习内容的主要的影响因素。

①社会工作专业的性质特征。社会工作是一门应用性的学科，是实务性、操作性取向的专业。它同其他专业学科（如社会学、哲学等）相比较，更注重直接为人们提供的服务，而非纯粹理论和知识的探讨和研究。社会工作专业应用性、实务性、操作性的性质特征，要求它的专业人员具有的能力主要有：

第一，以实践为目标的社会工作专业理论的研究能力；

第二，对社会福利政策的理解、执行和其制定过程的影响力；

第三，对社会服务需求和社会福利资源的调查挖掘和整合能力；

第四，社会福利服务计划项目的策划、推行和评估能力；

第五，运用社会工作的基本方法提供直接服务的能力；等等。

社会工作专业人员的上述能力要求，除了课堂课程的途径习得之外，很大程度上是要通过实习的途径培养的。因此，实习内容即学生实习活动中从事的工作的内容的确定很重要，对应上述能力培养的目标要求，学生实习的工作内容可以包括：

一是参与相应政府机关中与社会福利行政管理有关的日常工作；

二是参与社会工作专业机构的日常工作；

三是参与社会福利服务的专门项目或大型活动；

四是参与社会和社会问题的专题调研活动；

五是参与居民社区的建设和发展活动；

六是参与社会福利服务计划项目的立项和推展、评估工作；等等。

②社会工作专业教育的不同学历层次。社会工作作为一门学科，具有多样化的培养层次和教育目标。这种培养层次和教育目标的多样化是与社会需求的多样性相联系的。

目前，在一些社会经济发达的国家和地区，社会工作专业高等教育基本上分为4个层次，即大专（文凭）课程；本科（学士）课程；研究生（硕士）课程；研究生（博士）课程。按照这些国家和地区社会工作专业人员的职级系列对专业学历的要求，这4个不同学历层次就业的岗位分工大致是：大专（文凭）课程毕业生可作为合格的社会工作者进入政府机关、民间机构或独立开业，主要从事第一线的福利服务工作；本科（学士）课程毕业生可从事第一线的社会工作服务，或从事政府机关、民间机构中较低层次的管理工作；研究生（硕士或博士）课程毕业生主要留在大学或研究所从事社会工作教育和社会工作研究，或到政府机关、民间机构从事较高层次的管理工作。

不同的学历层次和培养目标，对社会工作实习的内容会有不同的侧重。一般来说，学历层次较低如大专（文凭）课程的学生，以到专业服务机构或居民基层社区从事第一线的福利服务为主要实习内容；学历层次较高如研究生（硕士或博士）课程的学生，以到教育机构或政府服务部门从事研究性质或管理性质的工作为主要实习内容；处于中间学历层次如本科（学士）课程的学生，实习的内容以第一线的福利服务工作为主，兼及较低层次管理性质的工作。

中国内地社会工作专业教育恢复重建仅十几年，目前虽然已有上百家院校开办社会工作专业，但学历层次结构并不健全，除北京大学等少数几家院校每年培养少量硕士生外，大多数院校都处在本、专科层次上。但是从社会需求看，目前迫切需求大批具有专业价值理念和专业理论知识、具有政策水平和管理能力的人才去推动社会工作在中国内地的专业化进程。因此，除了强调学生深入基层、贴近民众，在从事具体福利服务工作过程中锻炼培养能力外，也鼓励学生把从事研究性质、管理性质的工作作为专业实习的主要内容。

③社会工作专业化发展水平。专业化是一个由在经验指导下的个人行为的集合向由一套系统的理论指导下的从业人员的群体性共同行为发展的过程（孙立亚，1999）。处于专业发展过程的不同阶段，就会呈现出不同的专业化水平，它一般用以下5个指标来测量：

第一，理论的系统化成熟程度；

第二，专业权威性的确立程度；

第三，被社区民众的认可程度；

第四，专业伦理守则的完善及被遵从程度；

第五，专业文化的构建及影响程度。

目前，世界各个国家和地区的社会工作正处于不同的发展阶段，呈现出不同的专业化水平，这是由各国和各地区社会经济发展水平，以及对社会工作的社会需求程度决定的。

处于不同社会工作专业化发展水平的国家和地区，社会工作专业教育培养目标和侧重点也会有所不同，因而，专业教育对学生通过实习获得的能力的要求，以及专业能为学生实习提供的工作条件也不尽相同。一般说来，处于发展成熟期的国家和地区,为了更加提高社会工作的专业水平和服务质量,虽然需要继续培养高层次的教学研究和行政管理人员,但是更大量需要的是合格的一线工作人员,因为在这些国家和地区,社会工作已经职业化、专业化,已经得到社会的普遍认可,它的社会需求是十分巨大的,人们对专业服务的水平和质量要求也是十分高的。这些专业人员除了应该具有一定的政策水平、一定的组织协调和社会交往能力外,更需要的是应该具有熟练运用各种社会工作的方法、技巧服务社会和民众的实际操作能力,这样才能既有利于社会,同时也有利于专业人员在激烈的行业竞争中立于不败之地。由此,专业化发展水平高的国家和地区,社会工作实习更强调要求学生到服务机构去从事一线工作的锻炼,而且从客观条件来看,由于这些国家和地区从事专业社会福利服务的机构很多,一线工作的岗位也很多,就为大量专业学生的实习提供了工作机会。

  处于专业发展初期的国家和地区,为了加快推进社会工作专业化的进程,虽然也需要培养大量合格的一线社会工作人员以提高直接服务的质量,但更为迫切的是培养一批从事社会行政的社会工作管理人员,以及从事教学和研究工作的社会工作教育、研究工作者。这些专业人员除了应该具备一线服务的实际操作能力外,更重要的是应该具有理解、执行和影响政策的能力、社会调研和项目策划评估的能力、组织开展活动的能力和与各方面人士打交道的社会交往能力等。由此,这些国家和地区对专业学生的实习,并不十分强调一线服务的工作内容。而且从客观条件方面看,由于专业分化不明显,工作岗位也没有职业化,真正专业的社会工作机构并不多,真正专业的服务活动也不多,有许多专业性质的工作与政府机构中的日常管理工作混在一起,因此,引导学生到政府机关工作实习也是可以理解的。

3. 实习内容的确定原则

上述分析说明,社会工作实习内容的确定不是随意的,它要受社会工作专业的性质特征、专业教育的学历层次及培养目标、社会工作专业化发展水平、学生就业的期望及流向等因素的影响和制约。总之,社会工作实习教学中实习内容的确定,要遵循下列原则。

①专业性原则。这是确定实习内容的首要原则。社会工作作为一门专业,它与其他专业相区别的地方就在于它以助人自助的精神为他人提供福利服务的专业性质。社会工作专业教育的目标就是培养能胜任这一专业任务的专门人才。因此,实习活动的工作内容一定要求与专业的性质相符或相关。这一原则的遵循与否,在经济发达国家和地区是不成问题的。因为这些国家和地区社会工作专业教育经过多年的发展已达到十分规范的程度,学生到社会工作专业机构去从事与社会工作专业相关

的工作，已成为实习教学不容置疑的环节。不按要求顺利通过这一环节，学生就不能作为合格的人才毕业就业。但是，在一些经济社会不发达的国家和地区，由于社会工作专业化程度低，加之学生就业压力等因素的影响，学生实习内容的专业性要求往往被忽视。中国内地一些院校的社会工作专业教育，在实习内容的安排上，就存在着非专业性的倾向。

②实务性原则。社会工作专业的性质特征是应用性、实务性和操作性，社会工作专业教育的目的和意义在于培养的人员最终能为社会民众提供有效的福利服务。尽管有的学生毕业后不一定从事直接的社会福利服务，但无论是从事社会工作专业的教育或研究，还是从事社会工作的行政管理，了解熟悉和能动手从事直接的社会福利服务，是做好一切社会工作的基本前提和起码条件。因此，社会工作实习的工作内容应该尽量贴近实务，尽量接触案主。只有在与案主互动的实务环境中，才能更深刻地把握社会工作的理论知识体系，才能更熟练地掌握社会工作的方法技巧，才能更自觉地调整自己的观念和态度，才能取得在课堂课程的学习中无法得到的收获。

③多样性原则。社会工作专业教育在其发展的历程中，经历了由强调专业分工到强调专业整合的转变。随着由以工作者为中心的不同社会工作方法相分割的服务模式，向以案主为中心、以问题为中心的整合不同社会工作方法的服务模式的转变，

社会工作专业教育已不再以培养只掌握社会工作某一方法的精深技巧的学生为满足,而是越来越倾向以培养通晓并能整合不同的方法技巧于案主或社会问题的通才型的人才为目标。因此,在实习内容的安排上,应尽量为学生安排多样性的工作任务,让学生有机会去尝试从事能运用多种方法技巧,为多种案主提供服务的工作。

④个别性原则。社会工作专业的一个基本的价值观就是个别化,认为每一个人都是惟一的、不同的实体,应该受到不同的对待。社会工作实习活动,也是强调个别化原则的,即认为应该根据每一个学生不同的成长背景、认知结构、专业兴趣、职业期待及其学习能力等,安排适合本人特点的不同的实习内容,这样的实习活动才能对每个学生的专业成长有帮助。

⑤渐进性原则。人的认知结构的构建是有层次、分步骤的,社会工作专业理论知识、方法技巧,以及价值观念的习得和培养也是有层次、分步骤的。只有了解掌握了较低层次的知识和技能,才能激发起学生进一步学习掌握更高层次知识和技巧的兴趣和积极性。因此,社会工作实习内容的安排,也应循序渐进地分步骤进行,不能指望短暂的一次性的实习活动就让学生掌握全部知识和技能;也不能一开始就让学生面对难度较大、需要综合运用多种理论知识和方法技巧的工作任务。如果学生有多次实习的机会,可以在较早进行的实习中,安排学生做一

些较简单的工作，在较后进行的实习中才让学生做一些难度大一点的工作。如果学生只有一次实习机会，可以在实习开始阶段让学生做简单一些的工作，在实习中后期让学生做难度大一点的工作。

二 社会工作实习的具体内容

社会工作实习的具体内容可以做不同的分类：按其工作的性质为标志，可以分为福利服务、社会行政、社会调研等不同类型；按其与民众的接触程度为标志，可以分为直接社会工作和间接社会工作两类；按其工作所在的场所为标志，可以分为专业机构工作、政府机关工作和居民社区工作等不同类型；按其使用的方法为标志，可以分为个案工作、小组（团体）工作、社区工作、社会工作行政等不同的类型。按不同标志进行划分的不同类型之间，是有很多交叉的内容的，且同一个标志所做的划分，也不一定界定周延。好在我们这里不是做社会工作实习内容的分类研究，而是想通过对社会工作实习内容的罗列，为学校和学生提供一个选择确定的参考，因此，在表述上的分类不一定严密。

1. 在专业机构从事的直接福利服务

在专业机构从事直接的社会福利服务，是国外及港台地区社会工作实习中最为普遍的工作内容，有的甚至把它视作惟一的实习任务,可见它在社会工作专业教育中的重要意义。在专业机构从事的直接福利服务,因机构性质的不同、服务对象的不同,以及服务性质的不同,又可分为许多具体的工作种类,在此例举一些主要内容。

①在老年福利机构为老年人提供福利服务。老年福利机构如福利院、老人院、敬老院、老年公寓等,是专业性的社会福利机构,有些属政府经办,有的属集体企事业单位经办,现在又出现许多私人经办的机构,是专门为孤寡老人、残疾老人、或家中子女没时间照顾的老人提供住院式服务的专业机构。除了为老年人提供饮食起居方面的生活照顾和医疗照顾外,还应有专门的社会工作人员为其提供专业化的福利服务,如社会福利政策的咨询服务、老人经济保障权利的维护、老人与家庭成员关系的辅导服务、老人社会适应能力的辅导服务、机构中老人间关系的辅导服务、老人发展性需求的满足等。老年福利机构老人福利服务一般采用个案工作或小组工作的方式进行。

②在儿童福利机构为儿童提供福利服务。儿童福利机构如儿童福利院、孤儿院、儿童村等,是专业性的社会福利机构,一般由政府举办,也有些是政府与慈善性质的基金会合办的,对于私人经办这类福利机构,国家有严格的限制和规定。在这类机构中,属于社会工作专业性质的福利服务活动有维护住院儿童合法权益、为儿童提供教育机会、训练儿童适应社会的能

力、对儿童进行心理辅导、为住院儿童寻找领养或寄养家庭、接待安排来院服务的志愿人员、为改善儿童状况而组织募捐活动等。儿童福利机构的福利服务一般采用个案工作或小组工作的方法进行,有时也运用社区发动和组织等手段,如发动社区机关、学校及居民建立与儿童福利机构的联系等。

③在医疗保健机构为病人及其家庭提供福利服务。医疗保健机构如医院、精神病院、临终关怀医院等,是以医疗为主、兼顾社会福利服务的专业机构,一般为政府举办,也有一些属社区居民集体经办,还有少数属私人经办。在这些机构从事社会工作性质的福利服务,主要围绕病人的医治康复而开展,包括医疗福利政策的咨询服务、病人医疗经费困难的协助解决、病人与家庭成员关系的辅导、病人家中无人照看的老人或儿童生活困难的协助解决、病人或家属情绪心理困惑的辅导帮助、病人与雇主关系的协调、病人和院方关系的协调、病人康复后回归社会的辅导帮助、病人去世后后事的协助安排等。在医疗保健机构提供福利服务多数以个案工作的方式进行,也可辅之以小组工作的手段,如相同疾病患者的交流等。

④在残疾人福利机构为残疾人提供福利服务。残疾人福利机构如残疾人康复中心、残疾儿童展能中心、培智学校、盲童学校、聋哑学校、福利工厂等等,是专门为残疾人提供福利服务,或兼具教育或生产功能的福利服务机构。一般由政府、社

区集体举办，少数由私人经办。在这类机构中的社会工作性质的福利服务包括残疾人权益维护和政策咨询、事故致残病人与责任人（包括法人和自然人）的关系协调、患者与家庭成员关系的协调、残疾人生理机能的康复辅导、残疾人心理困惑的辅导、残疾人社会适应能力的训练、残疾人就学就业及婚姻问题的协助解决、残疾人及家庭经济困难的协助解决等。残疾人的福利服务一般采用个案工作或小组工作的方式进行，也可采用社区工作的手段以影响政策的修订和民众的关注。

⑤在违法犯罪矫治机构提供福利服务。违法犯罪矫治机构如监狱、少年管教所、劳动教养所、戒毒中心、工读学校等，是政府举办的对违法犯罪人员进行思想和行为矫治的场所，还有一些由民间机构或社区机构经办的专为刑满或缓刑人员提供福利服务的专业社会工作机构，如中途宿舍、就业培训中心等。在这类机构开展的社会福利服务工作包括为违法犯罪人员或刑释人员提供政策法律咨询服务、为违法犯罪人员或刑释人员提供心理辅导服务、为违法犯罪人员或刑释人员提供社会适应能力的培训辅导服务、为违法犯罪人员或刑释人员与家庭成员的关系提供帮助、为刑释人员或缓刑人员的就业提供能力训练和职业介绍、为服刑人员的子女学习及生活困难提供帮助、对违法犯罪或刑释人员的思想和行为改变提供社区服务的机会及辅导等。这类服务一般采用个案工作或小组工作的方法进行，也

可采用社区工作的手法以改善社会环境,以利于违法犯罪或刑释人员顺利回归社会。

⑥在专业咨询机构提供福利服务。专业咨询机构如青春热线、妇女家庭婚姻问题咨询中心、知心姐姐信箱等,是一些由学校、传媒和民间社团举办的为社会各类人士提供咨询服务的专门机构。在这些机构的福利服务包括学业辅导、青春期生理心理咨询辅导、交友辅导、就业辅导、亲子关系辅导、婚姻危机干预辅导、自杀危机干预辅导、工作压力辅导等。这类咨询辅导服务一般采用面谈、电话咨询、信函答复等个案工作的方式进行,也可运用联谊会、恳谈会、讲座等小组(团体)工作的手法进行,如单亲家庭母亲联谊会等。

2. 在居民社区从事的福利服务及其组织管理活动

在一些经济发达国家和地区,为社区中的特殊人群或全体居民提供的福利服务,往往是通过专业社会工作机构送达的。因此,以为居民提供福利服务为内容的社会工作专业实习,也归入机构服务这一类,没有必要把居民社区从事的专业活动作为特别的类型拿出来进行讨论。但是在中国内地,以城市的街道、居(家)委会和农村的乡(镇)、村为单位的社区,它既是社会学、社会工作意义上的居民生活的共同体,同时又是自上而下行政构架中的最基层的组织,它们或者本身就是一级政府组织(如乡、镇),或者是政府的派出机构(如街道),或者虽然是居民（村民）自治组织，但也承担许多上面下达的行政事务性的工作。在中国内地，为社区居民提供的福利服务，多数不是通过专业的社会工作机构送达的，而是政府或准政府组织通过行政性的手段送达的。因此，将这一类的福利服务作为区别于机构服务的特殊的工作类型加以考察，是有意义的。在居民社区从事的福利服务，既包含面对案主的直接福利服务，也包含福利服务活动的组织管理工作，其活动内容的丰富性和多质性，对实习学生而言，也是很有意义的。

①为社区特殊人群提供的直接福利服务。社区特殊人群包括老年人、残疾人、少年儿童、问题青年、刑释或缓刑人员、失业下岗人员、贫困家庭成员等，他们是需要提供特殊福利服务的社会弱势群体。因为专业机构的容纳量有限，所以他们大部分要在社区范围内接受帮助。过去，在单位福利制度的计划经济体制下，他们中的很多人可以从所属单位得到福利服务，但是随着改革的深入，随着"福利社会化"政策的推进，社区福利服务的工作任务量越来越大，学生在社区层面上从事专业实习活动的机会也越来越多。在社区为特殊人群提供的直接福利服务，从内容上看与机构提供的服务差不多，但是从方法和手段上看，比机构提供的服务更多带有行政的色彩，而且以满足这些对象的基本生活需求为重点，运用专业的手法提供深层次高质量的服务则较少，但是从行政能力培养的角度看，则比

在机构实习有更多的机会。

②为社区全体居民提供的福利服务。社会工作专业除了为社会弱势群体提供服务外，也把向全体居民提供服务作为自己的职责，这是各国各地区社会工作专业发展的一个新的趋势。近年来，中国政府提出"社会福利社会化"的口号，除了服务主体由政府和单位向社会中介组织转移的涵义外，也包括服务对象由特殊人群向全体居民转移的意思。在社区为全体居民提供的福利服务包括家政服务（如代购物品、代做饭菜等）、家庭成员关系调适、亲子教育辅导、文化生活组织、心理咨询辅导、政策法律咨询、治安管理、卫生保健服务等。在社区为全体居民提供服务可采用个案工作、小组工作、社区工作等方法开展，提供服务的场所可以是居民家庭、社区中心、社区图书馆、社区保健站、社区求助中心等。

③为更好的服务而开展的组织管理活动。在社区，除了许多直接服务案主的工作任务可以交给实习学生来做之外，还有一些福利服务的组织管理工作，也是实习活动的很好内容，这些工作机会能够锻炼学生组织协调的管理能力，是社会工作专业化初始阶段十分需要的。这些活动可以包括社区服务需求的调查和挖掘工作；社区服务资源的调查和整合工作；社区服务队伍的组织和培训工作；社区服务网络的建立工作；社区服务经验和模式的总结和推展工作；社区服务成效的评估工作等。

3. 在政府部门或社会团体从事的福利服务或社会行政工作

在中国内地,由于社会工作的专业化程度低、职业分化不明显,所以许多社会福利服务及其行政管理的工作职能,分别由民政、劳动、人事、社会保障、卫生、教育、扶贫等政府部门或机构承担。此外,工会、共青团、妇联、残联、老龄委等社会团体也承担着向各自的工作对象提供福利服务的职能。由于这些政府部门和社会团体集中了国家的大部分福利资源,开展多方面的福利服务活动,仍然是福利资源发送的主要渠道,所以组织学生参与其活动,是社会工作专业实习的一个重要场所。

①国家福利政策制定的调查论证工作。国家福利政策是社会工作专业发展的宏观背景,其作用是十分明显的。在有关政府部门的工作中,有一些涉及国家福利政策的制定和修订,对社会工作专业发展会产生重大影响。当然,作为实习学生,极少可能参加政策的制定工作,但有些为政策制定所做的调查论证等准备工作,学生是有机会参与的。

②社会福利服务项目的推展工作。在一些政府部门和社会团体中,都有一些面向全国的针对专门对象的大型福利服务项目,例如国家扶贫攻坚计划、全国扫盲活动、帮助失学儿童复学的希望工程和春蕾计划、帮助民办教师的烛光工程、帮助贫困家庭母亲的母亲行动、帮助下岗失业人员的再就业工程、帮

助盲人复明的光明行动等,这些大型福利服务项目通过行政和社团网络,一直推展到各地,这里面有大量服务性、管理性的工作可以当做实习的内容来安排,学生既可以参与直接的服务,又可参与项目的管理。

③对社会福利事务的行政管理工作。在中国内地,有许多社会福利机构是政府举办的,有许多福利服务活动也是政府主管的,政府部门的许多工作属于社会福利服务的行政管理事务,是专业学生实习的极好工作内容。例如,福利服务标准的制定及监督评估、福利资源的分配及监督使用、福利服务人员的编制、配备和管理、福利服务项目的策划评估、福利服务设施的设计建设、福利服务经验的总结与推广等。

4. 依托学校开展的社会调研活动

前面三种类型的实习内容中,也都有涉及社会调查研究方面的活动,这里所谈的社会调研活动,不是由专业机构、政府部门、社会团体和居民社区组织进行的,而是由学校出面组织的,虽然内容上可能与前面所谈相同或相似,但因为所依托的场所和机构不同,所以将它作为独立的一类看待。在一些经济发达国家和地区的社会工作专业教育中,社会工作实习有很严格的时间规定和内容要求,一般要求学生要在实习中能有机会尝试提供直接的或间接的社会福利服务,纯粹的社会调查研究活动是不能替代社会工作实习的。

第三章　社会工作实习的形式与内容

在中国内地的社会工作专业教育中，情况有较大的不同。由于社会工作专业的职业分化不明显，没有足够的机构可以提供充足的直接福利服务的机会以供学生实习，加之初创的局面需要培养学生具备调查了解社会状况和解决社会问题的能力，因此都把社会调查研究技能作为对学生的基本要求之一，除了开设专门的社会调查研究课程之外，还要求学生有机会参加社会调查研究的实践活动。据中国社会工作教育协会第二次年会调查统计显示，在32所开设社会工作专业的院校中，有26所院校把社会调研当做实习的基本内容之一来看待，占院校总数的81%，其中有2所院校把社会调研作为实习的惟一内容来看待。

社会工作实习中的社会调查研究活动，主要包括以下几种。

①社会问题的调查研究。社会工作专业将解决社会问题当做自己的基本任务，因此，了解、认识社会问题的特征、范围、影响、原因，是每个专业工作者的必备能力。学校在专业实习中，可以组织一部分有兴趣有能力的学生，就当前严重影响社会全体或部分成员正常生活的社会问题展开调查，例如有的院校开展的城市下岗人员状况调查、城市流动少年儿童就学问题调查、贫困大学生压力调查、流浪儿童状况调查、中小学生课业负担情况调查、单亲家庭成员社会压力调查等，都是社会工作专业机构及人员需要面对的社会问题的认识途径，学生在调

查研究中所掌握的事实和得到的感受，是其日后从事致力于解决社会问题的专业社会工作的充分思想理论准备，在调查实习中所掌握的技巧，也为日后成为优秀专业工作者打下了良好能力基础。

②社会福利服务需求的调查研究。服务需求的调查研究，是政府部门、专业机构和居民社区进行新的福利服务项目设计的必要前期准备。随着社会的变迁和发展，人们社会福利服务的需求也在随时的变化之中，专业社会工作要发挥功能，要更好地为人们提供优质服务，就得及时准确地了解人们的福利服务需求。社会福利服务需求的调查研究，是专业社会工作者，尤其是承担管理职责的专业社会工作者的必备技能，这样的调查研究活动，可以依托政府部门、专业机构和居民社区组织开展，也可以由学校单独组织。

③社会福利资源的调查研究。社会福利资源是满足人们社会福利服务需求的必要条件，包括政策资源、物质资源、人力资源、精神资源等。由于资源并不完全集中在社会的某一部门手中，且很多处于潜伏的隐性状态，所以需要对它们的分布状况及其数量进行调查了解，为有关部门对其进行开发和整合提供依据。社会福利服务资源的调查研究，可以是针对某一专门的社会福利服务需求而进行，也可以就区域内综合性的福利资源而开展。在过去一些院校组织的学生实习中，也有类似的调

查研究活动，调查的内容涉及社会福利服务设施情况（包括正建的、待建的及可以替代利用的）；社会福利服务经费情况（包括政府投入、单位投入以及民间募集的）；社会福利服务人员队伍情况（包括专职人员的数量及专业结构、志愿服务人员的数量及其服务意愿和服务技能结构）；社会福利服务政策情况（包括已经或打算制定的政策法规及其影响作用范围、效果）等等。

④社会福利服务状况调查研究。社会福利服务状况反映一定时期一定区域内，把社会福利服务资源运用于满足人们福利服务需求所达到的效果和所产生的影响。对其进行调查了解，是一种综合性、评估性的活动，可以从中找到经验加以推广，或从中发现问题以利改进，是社会工作专业人员，尤其是承担管理职责的专业人员的必备技能。这样的调查研究可以受政府部门或专业机构的委托而进行，也可以由学校自行组织开展；可以就某一专门领域的福利服务状况进行，如某地老年福利机构服务状况的调查、某地下岗人员再就业培训状况的调查等；也可以就某地综合性社会福利服务状况进行。学校组织的调查可以以个人或小组的形式进行，也可以以班级集体的形式进行。

关于社会工作实习的具体内容，我们做以上分类的简要介绍，目的是为各院校社会工作实习的安排组织，提供一个借鉴。其实，社会工作专业的领域很广、内容很丰富，且在不断的发展变化中，所以上述内容肯定不周全，各院校可以根据自己的培养目标、学生能力状况、教师指导水平、机构提供的配合等情况做灵活的调整，关键是通过不同内容的实习机会的提供，让学生把课堂学习的专业理论知识和方法技巧，运用到实务情境中以促进专业知能、专业自主、专业自我、专业意识和专业成长。

第四章

社会工作实习中的
角色与责任

第一节 社会工作实习模式之比较

一 社会工作实习模式

不同机构及人员在社会工作实习中的角色及其责任,因社会工作实习模式的不同而有所差异,因此,要研究社会工作实习中的角色与责任，必先了解在社会工作专业教育发展过程中，曾经出现过或现仍存在着的不同的社会工作实习模式。

社会工作实习模式是指有关影响社会工作实习教学的各种因素间的结构、组织和安排方式（马凤芝，1999）。这些影响因素包括：社会福利服务的发展历史，社会工作教育资源的分配方式，社会工作课程、目标、内容及教育哲学，实习老师的状况，实习时间的安排方式等。有关以实习时间的安排方式加以区分的社会工作实习类型，我们在第三章有关社会工作实习形式的部分中已有论述，在这里谈论的社会工作实习模式，是以实习机构和学院在实习组织中的不同地位和作用做标准加以区分的。马凤芝在《社会工作实习与督导》一文中，把社会工作实习模式分为机构为本、学院为本和学院、机构合作等三种模式。[1]

1. 机构为本的实习模式

这种模式以英国较为典型。英国社会工作的发展历史久远，历史上的许多重要事件，如伊莉莎白济贫法、社区睦邻运动等，对英国乃至世界的社会工作专业都产生过重要影响。英国的现行政策是社会工作者必须持有二年制训练的社会工作文凭。社会工作训练学院的学术与专业资格审核工作由"中央社会工

---

[1] 王思斌主编：《社会工作概论》，第326页，高等教育出版社，1999。

教育与训练委员会"(CCETSW)负责,社会工作教育与训练纳入高等教育体系。社会工作实习课程与时间占全部课程的1/3以上。实习导师来源于社会工作机构,他要同时具有社会工作文凭证书和社会工作督导资格证书。包括实习课程在内的全部课程由社会工作训练学院与政府的社会服务部、社会工作机构共同审核制订。这样,机构就不是一个被动接受社会工作毕业生及社会工作实习学生的角色,而成为社会工作教育训练的积极参与者,为实习学生提供实习训练和实习导师。能够接受社会工作实习学生的机构也必须接受评审,评审合格才具有社会工作学生"实习机构"资格。

英国的社会工作实习模式可称为机构为本的模式,即机构在实习教学中负主要的责任。学院有专门的老师负责了解学生对实习的期望,并出面与机构联系,接下来的实习教学就由机构实习导师负责,整个实习教学的实施全部是在机构中进行。

这种模式的优点在于,由于实习导师来源于机构,同时又具有丰富的实际工作经验,因此能够根据机构的工作状况与实习学生的学习需要选取适当的工作,给学生提供充分的学习机会及切实有效的督导,帮助学生获得专业成长。

这种模式的缺点在于,机构的实习教学有可能与学校的教育理念和培养目标发生脱节。尽管在实习安排前学院和机构就实习的目的要求和学生的期望有过沟通，但由于学院的教师不参与督导，无法及时了解学生在实习过程中遇到的问题，无法根据学院的教育理念和培养目标给予及时指导。

2. 学院为本的实习模式

这是较多国家和地区采用的实习模式，香港亦如此。香港社会工作专业教育形成于20世纪60~70年代，纳入高等教育体系。实习中，每个学院都有自己专门负责督导的导师，他们都拥有至少2~3年前线社会工作经验，并受过督导训练。

这种模式的优点在于，督导来自学院，能够贯彻学院的教育理念与目标，一方面可以控制实习教学的水平，使学院训练和实习教学保持连贯性与一致性；另一方面，学院导师因为较了解学生的学习基础，能够根据学生的实际给予适切的指导，帮助学生整合知、觉、行于一体。

这种模式的缺点在于，有可能使实习教学脱离社会工作实务发展的实际状况。由于导师来源于学院，虽然他们过去有过前线社会工作的实务经验，但毕竟离开机构实务已有相当一段时间，而且一般一个教师要同时指导几个在不同机构实习的学生，教师对不同机构的工作状况并不一定十分了解，尤其是对机构的最新发展和创新性服务项目并不十分了解，教师囿于自身的经验和精力限制，较难给予学生及时和完全正确的指导，因而会影响学生的专业成长和机构的服务质量。

第四章　社会工作实习中的角色与责任

3. 机构与学院合作的实习模式

其实，上述两种实习模式中，都有机构和学院的合作关系，如果没有两者的合作，实习教学是无法开展的。这里所说的合作的模式，是指机构和学院建立一种密切的伙伴关系，在这种模式中，机构为学院提供实习教学所需的条件、岗位和机会；学院为机构社会工作者提供训练，进行社会工作研究，支持、帮助提高机构的服务水平。这种伙伴关系体现了社会工作实习教学的目标，即理论与实践相结合。学院的教学人员通过了解、参与社会工作机构的需要和服务，使社会工作教育训练课程更具针对性；机构工作人员通过接受专业培训，了解和掌握社会工作教育的理念、目标以及教学规律原则，更自觉、胜任地在实习督导中发挥作用。这种伙伴关系能使社会工作教育避免盲目性，避免教学脱离实际，保障了社会工作教育的健康发展。

机构和学院的合作，现在越来越成为社会工作实习教学的发展趋势，许多国家把它作为一项政策来规定。在合作中，不仅要求双方共同制订实习课程，双方提供实习督导和教学人员，而且要求双方人员做深入的交流和渗透：学院教师经常到机构去从事前线服务，了解社会工作实务的发展状况；机构资深工作人员也常常到学院去从事教学活动，讲授机构实务社会工作。

二 建立中国社会工作实习模式

学院和机构合作实习模式的原则与精神为中国社会工作实习模式提供了一种指导思想：我们有必要在借鉴其他国家和地区社会工作实习教学的经验，了解当前社会工作实习教学发展趋势的基础上，建立和发展出适合中国状况的社会工作实习模式。

中国目前尚没有建立起专业的社会工作制度，从事专门社会福利服务的专业机构为数不多，机构中的工作人员又大多没有社会工作专业教育的背景。中国社会工作专业教育尚处于起步阶段，其专业教学人员大多于其他专业转行而来，仅受过短期的专业教育培训，大多缺乏机构服务的实际经验。在此状况下，以学院为本的实习模式或是以机构为本的实习模式，都不利于社会工作专业理论与实践的结合，都不利于对学生进行有效的实习指导。而采用机构和学院相结合的实习模式，可以发挥双方各自的优势，避免双方各自的短处，能给学生较为理想的实习指导。在此模式中，学院教师可以运用自己通过专业训练和教学研究过程中掌握的现代社会工作的理论知识、技巧和价值，侧重指导学生探讨学理，建构理论和价值体系；机构指导教师可以运用自己在实践中积累的工作经验，指导学生掌握实务操作方法和技能。

第四章　社会工作实习中的角色与责任

机构和学院合作的实习模式,不仅于学生的专业成长有利,同时对学院的专业教育发展和机构的专业实务发展也极为有利。在合作中,学院教学人员可以通过对机构工作的了解和参与,逐步摆脱纯学理性的教学和研究的状态,用丰富生动的实务经验来充实自己的教学,并对现实工作中提出的问题进行理论研究。机构工作人员则可以通过对教学的了解和参与,逐步摆脱纯事务性的工作状态,用系统完整的理论和科学的方法技巧来指导自己的工作,提高自己的理论素养和服务水平。

第二节　社会工作实习中的角色及其责任

社会工作实习是社会工作专业教育中的重要环节,经历的时间长和涉及的人员多、教学的难度大、工作的要求高,是它的基本特点,因此,有必要明确不同机构及人员在其中的角色定位及分工责任,以利于实习教学的规范及顺利开展。

一　实习的组织者——学院的责任

这里所说的"学院",是指社会工作的专业教育机构,即社会工作实习中的"院方",泛指开设社会工作专业或课程的大学、学院或学校,具体是指开设社会工作专业或课程的系或室。

1. 实习组织者角色的变迁

在社会工作专业教育初创阶段的学徒式训练中,实习组织者的角色不是由学院担任而是由机构担任。在这一阶段中,社会工作专业教育以短期的非学历教育为基本形式,以训练在业实务工作者为主要目的,学生的实习并不被要求按统一规范的教学计划实施,而是根据机构指导者的个人理解和经验,进行手把手的知识和技能传授。到了20世纪上半叶,随着社会问题的大量涌现而对专业社会工作者需求的提高,社会工作专业教育开始走出以训练在业人员为主要职能的短期非学历教育的初创阶段,开始进入以先训练以掌握系统知识再就业从事实务工作为特征的正规学历教育的阶段。在这一阶段中,学院在社会工作专业人才培养中越来越处于起主导作用的中心地位,虽然有的国家和地区还采取机构为本的实习模式,但大多数国家和地区的社会工作实习教学中,学院担当的是推动和协调实习活动的组织者的角色。

2. 学院在实习教学中承担的责任

①制定和完善实习教学计划。教学计划,是组织和开展教学活动的依据。在专业教学计划中,实习教学计划是其重要的组成部分。制定和完善实习教学计划,是实习的组织者——学院的一项重要职责。

实习教学计划一般包括实习的目标、形式、内容、要求、

评估办法等一系列规定,它的制定要考虑三个方面的影响因素:

一是社会工作作为一个专业的国际通行的规范和要求,即人们通常所讲的"国际通则"。社会工作实习教学的时数要求、机构性质、伦理守则、评估标准等,在社会工作专业发展的长期进程中,已经形成了一套为业内人士所公认的规范,在实习教学计划的制定设计中,应该把这些规范要求考虑其中,不能在大的原则上有严重背离。

二是本国本地区社会工作发展的实际状况及现实条件。遵从国际通则不能脱离本国本地区的实际,脱离实际的社会工作教育并不能培养出符合社会需要的社会工作专业人才。社会工作实习教学计划应根据实际可能条件制定,要选择适合的实习时机,适合的实习场所,适合的实习形式和内容组织学生实习。

三是专业教学计划及其培养目标。每一次具体的实习活动,在专业教学计划中的地位和作用是不同的,例如低年级的实习和高年级的毕业实习就不同。应该根据学生的知识基础和专业培养的要求,制定不同时期不同阶段的实习教学计划,使实习教学确实成为整个专业教育中的有机组成部分。

②遴选和确定实习机构。大多数实习是安排学生到相关的专业机构从事实务工作的训练,因此,了解和遴选机构是实习的组织者——学院的又一项重要职责。

遴选实习机构应该考虑三个方面的条件:

一是机构的性质。社会工作实习教学的目的是培养能够整合社会工作专业理论和实践的专业人才,因此,只有那些能够提供社会福利服务的岗位和机会的机构、政府部门或居民社区,才适合作为社会工作实习活动的场所提供给学生。在这里,机构的专业性是遴选的首要标准。在中国目前社会工作专业制度尚未建立的情况下,遴选的标准即是看机构能否提供社会福利服务或是相关性质的工作岗位,与社会福利服务关系不大或根本没有关系的机构或工作岗位,不能用来安排学生进行专业实习。

二是机构人员的指导能力。机构人员的实习指导是影响学生实习成效的重要因素,因此遴选实习机构除了看机构的性质外,还要考察机构能否提供胜任的人员做学生实习的督导。有关机构督导人员的遴选条件在第五章中还将论述,在此不做展开。

三是学生的实习意愿。社会工作专业服务的领域很广,一般专业机构都只是侧重其中某一个或几个服务领域,没有哪个机构可能涵盖所有的专业服务内容。因为专业实习的时间有限,学生又有自己感兴趣的专业发展方向,因此实习教学最好能在坚持培养目标要求的基础上,照顾到学生的意愿和兴趣,以利更充分调动学生的实习积极性。实习机构的遴选,最好能吸收学生参与其中,或者由学生按服务的不同领域(如老人服务、青少年服务、残疾人服务等)提出自己的意愿,再由学院帮助选定相关的机构；或者干脆由学生提出具体的服务机构，再由学院根据实习的目的和要求进行审核确定。

实习机构确定后，学院应以书面的形式与机构订立实习安置契约。实习安置契约是学院与机构建立合作关系，明确双方在实习教学中权利与义务的文书。契约应就实习的目标、内容、有关的标准以及相关的工作安排做出明确规定，以保证实习教学的顺利进行。

③确定和配备胜任的实习督导教师。不论是以学院为本的实习模式，还是学院与机构合作的实习模式，学院督导教师的作用发挥，都是关系实习教学效果的重要因素。学院作为实习组织者的又一重要职责就是确定和配备能够胜任实习督导工作任务的实习督导教师。(有关督导教师的遴选条件以及工作职责将在第五章中专门讨论，在此不做展开论述)

④推动和督促实习教学计划的实施。实习教学计划的实施，主要靠学院的推动和督促。这方面的工作职责包括：

第一，督促机构、督导教师和学生等三方面做好实习前的准备工作，完成实习前的上岗培训；

第二，为机构、督导教师和学生等三方面提供咨询，并对一些具体问题提出建议和解决方案；

第三，接受来自机构、督导教师和学生等三方面对于实习的意见反馈，对实习教学计划中的不适当内容及时做出修订完善；

第四，对机构、督导教师和学生等三方面的工作进行评估，对其中不相适应的人员进行及时调整；

第五，负责制定和执行实习教学的经费预算；

第六，负责实习教学中相关文件和表格的印制和发放；等等。

二 实习的合作者——机构的责任

1. 机构角色的变迁

在以机构为本的实习模式中，机构担当实习组织者的角色，处于协调学院、机构和学生三方关系的中心地位。但是随着社会工作专业教育的发展，机构常会因其性质和活动范围的局限而处于力所不及的困境。在以学院为本的实习模式中，机构担当被动接收学生实习的纯粹工作场所的角色，在学生的专业成长中无法起到应起的作用，积极性得不到应有发挥。在学院与机构合作的实习模式中，机构担当合作者的角色，符合机构的地位，有利于发挥机构的作用。

2. 机构在实习教学中承担的责任

①与学院共同讨论实习教学计划。实习教学计划以学院为主负责制定，但机构的参与很有必要。一般来说，学院进行实习工作安排时，最困扰的就是不知道机构能提供给学生何种学

习经验。机构参与计划的制定，就能将学院困惑的问题，诸如机构的服务性质、机构的组织系统、机构平常工作的内容、机构对前来实习学生特性的期望、机构实习督导人员之情况，以及机构的食宿条件、办公条件等等搞清楚，使制定的教学计划切实可行，不至于在进入实习阶段后再频繁改动，影响实习教学的质量。

②选择合适的人员担任实习督导教师。在机构和学院合作的实习模式中，采用机构和学院双督导制度，因此机构的一项职责就是选择合适的人员担任学生实习的督导教师。(有关督导教师的遴选条件以及工作职责将在第五章中专门讨论，在此不做展开论述)

③为学生提供学习的氛围和充分训练的机会。机构应该明白，社会工作实习教学的基本特性是学习而非服务，通过实务锻炼以整合课堂上学得的理论知识、方法技巧与实践中的服务技能，以培养专业的价值观，使学生成为知、觉、行合一的人士，是实习教学的根本目的。因此，机构应该选择适合的工作交给实习学生去做，不应该把实习学生当做机构的新进人员一样对待，而不加区分地把机构的所有日常事务都推给学生，使学生在众多事务中无从学习。机构应配合教学计划的进程，按着先易后难的程序给学生指派任务，并尽量使学生有机会从事专业服务的实践活动，让学生以专业人员的身份接受训练，从

中不断提高自己的实务技能,并不断调整自己的观念和态度。

④与学院保持紧密的联系。实习期间(尤其是集中式实习期间),学生大部分时间在机构活动,与学院的联系通过学院督导教师的定期巡视和指导维系,有时免不了有一些困难和问题得不到学院的及时帮助和解决。机构除了通过机构的督导教师给学生以帮助和指导外,还应主动与学院督导教师保持密切联系,经常通报学生在机构实习的情况,包括实习的进度、实习的内容、取得的进步和成绩、存在的问题和困惑、机构下步的打算,等等,使学院方面能及时了解和掌握实习的情况,与机构一起配合给学生以更恰当的指导和帮助。此外,机构还应从实务工作者的立场和角度,就学院课程设置、实习教学安排等方面问题不断向学院提供反馈和建议,使学院能在与机构的合作中不断完善自己的教学计划。

三 实习的主宰者——学生的责任

1. 主宰者角色的涵义

这里所说的主宰者,并不是说实习教学的一切活动安排,由学生来决定和主导。而是说,学生在实习教学中,应处于中心者的地位,应成为学习的主动者而非被动者。

在社会工作专业初创阶段的学徒式训练中,学生并不处于教学活动的中心地位,教学以教师为主导,并不重视学生主动性、积极性的发挥。例如：在学习内容的确定上，往往以教师为中心，强调学生被动式地承袭知识和技巧，而不提倡学生主动性、思考式、批评性的学习，不重视学生创造性的学习和知、觉、行的整合。

随着现代学习理论的产生发展，以人为本、尊重学生尊严和价值的社会工作专业教育观越来越为人们信奉和遵循，在这一理论观念指导下，人们提倡引导和发挥学生的学习潜能；关注有意义的学习；重视学习者知识价值观和方法技能的整合；主张教育要有利于学生认知结构的构建和优化；明确教师要在学生积累式学习过程中起指导的作用；强调学生除了掌握系统的知识体系外更要学会如何学习，等等。由此，社会工作专业教育的理论和方法都取得了很大改进。例如，关于教师和学生在教学过程中的角色定位，不再信奉教师处于绝对权威的中心地位的观念，而是明确了以学生为中心、以教师为指导的角色分工。在上述理论发展和社会工作教育变化的大背景下，作为社会工作教育整体有机组成部分的社会工作实习教学，也出现了新的发展方向，其指向是更加强调学生的主动性、知识的结构性以及知、觉、行的整合性。

2. 学生在实习教学中承担的责任

①参与实习教学计划的制定。在传统的实习教学模式中，往往由学院独自做计划，或者由学院和机构共同作计划，然后

指令学生按计划的范围和顺序去执行以完成实习任务。而在现代实习教学模式中，学生应有资格和权利参与到计划的制定过程中来。曾华源教授在提出"实习教学参与整合之模式"时指出："所谓参与一词之概念，并非指学生表达个人的学习需求与意愿而已，而是指教学者（包括学校老师和机构实习教学者）和学习者共同表达对实习学习的期望，并且积极参与实习计划之拟定和学习过程。"

学生参与实习教学计划的制定，有利于促使实习教学内容和方式与学习形态和需求的配合；有助于学生明确实习教学的目标和结果；有助于学生了解实习教学的顺序和进程；有助于学生掌握实习教学的重点和原则；有助于促进类化和学习迁移能力的提高。总之，参与整合模式是属于个人化的教学模式。

②在机构政策和程序之内完成实习工作任务。如前所述，专业实习是一个情境学习的过程，它不同于课堂课程学习的方式，是一种走出课堂、走向社会，到社会福利服务的第一线，直接面对服务的对象，通过为社会和人们提供服务，来探究社会工作的理论和原则，来体验社会工作的价值观和自我态度，来提升社会工作的方法和技能的学习过程。在机构的政策和程序之内完成实习工作任务，既是直接为社会人们提供服务的过程，更是学习的过程。因此，完成实习工作任务是学生实习活动最主要的职责。

③遵守实习教学的各项规则和纪律。学生在实习中处于主宰者的地位，并不等于说学生可以不顾学院和机构的各项规则纪律而为所欲为。学院和机构自身运行的规则以及为实习教学而制定的要求，是保证实习教学正常进行的条件，学生必须认真遵守。这其中包括机构的上、下班时间；机构员工的请假制度；机构员工的服务守则；机构的工作汇报制度；与学院和机构督导教师的面谈约定等。

④认真做好各种实习记录和作业。实习的记录和作业包括以下内容。

第一，实习周记或日记。主要记述每天或一周活动的种类（如参与的个案数、参加的会议、参与训练的名称和内容、与案主的会谈或探访、与社区的接触等）；活动过程的概述；实习生在活动中所扮演的角色与职责；对参加之活动的看法等。

第二，特定事物或案例之描述与分析。在一周内选定一项个人认为最特别或最有收获的事项加以描述与分析，以培养对人与人，以及人与环境的互动的观察与评估的能力。

第三，个案（小组）工作的记录。认真填写机构所要求的个案（或小组）工作记录，一方面学习前线社会工作的规范；另一方面也为机构的服务保留完整的资料。

第四，实习总结报告。实习总结报告是评估实习成绩的主要依据之一，内容应包括：实习活动对于个人在社会工作专业上的认同有何帮助;在实习中自己的自我认识有何发展;课堂上所说的知识、技术和态度在实习工作中有何运用;是否获得在课堂学习中未曾获得的经验;对于实习活动的组织安排有什么建议,等等。

⑤与督导教师保持密切的联系。实习期间若有工作上或自己心理感受上的任何问题,应主动向机构和学院督导教师报告以寻求辅导帮助,应该遵守与学院督导教师所约定的时间和地点,准时参加团体讨论会或个别督导。

四 实习的指导者——督导教师的职责

1. 关于督导教师角色的讨论

社会工作实习教学是学院、机构和学生三方互动的过程,督导教师似乎是三方之外的第四方,其实不然。在三方互动中,学生是个人而学院和机构则是团体,个人与团体的互动往往会发生对象不确定、交流无法延续等问题,不如个人与个人之间的互动来得直接、具体和有成效,于是,就有了实习督导教师这个角色。可以说,在实习教学中,学院的督导教师是学院方面的代表,他的职责是贯彻学院的实习教育意图。而机构的督导教师则是机构方面的代表,他的职责是贯彻机构的实习教育意图。

关于"督导教师"这一名称,学界尚存不同的见解。曾华源教授主张接受国外在实习方面的新观点,不采用传统上用在以机构专职人员为主的"督导"一词,而代之以"教学"的概念。因此,"督导员"、"督导教师"的称谓也由"实习教学者"、"学校老师"的称谓来代替。[①] 但是大多数学者仍然习惯称实习教学中的指导人员为"督导教师"、"督导员",我们这本教程也与大多数人的习惯保持一致。

督导的过程是个复杂的互动过程,督导者的角色是多样且变化的,督导者既是教育者,又是支持者、行政者和评估者。

教育者。督导的过程是个教学的过程,督导的核心角色是教育者,督导教师应事先制订、准备好详细的教学方案,实习内容的选择要配合学生的学习需要,要事先准备好督导会谈时的教学内容,要通过实习督导提供给学生新的知识和经验。

支持者。督导者应对实习学生采取接纳的态度,即承认学生的优点与限制。鼓励学生投入实践,尝试积极的学习,及时给予肯定和支持,并在困难时给予及时的帮助。

行政者。督导者作为学院和机构的代表,往往需要运用学院和机构的行政程序和组织架构来为实习活动的顺利开展创造条件,这时,督导教师就充任了行政者的角色。

评估者。实习学生的实习成绩,主要由督导教师进行评估,

---

① 曾华源:《社会工作实习教学——理论、实务与研究》序言,台湾五南图书出版公司,1987。

督导者必须能够客观评价学生的表现，同时协助学生做出客观的自我评价。

2. 督导教师在实习教学中承担的责任

有关督导教师承担的责任和工作任务，将在第五章中专门论述，在此只做简单的列举。

——辅导学生了解机构、机构政策及其运行程序，帮助学生做好实习前的准备。

——按照实习教学计划的目标和要求，为学生指定工作任务。

——及时、分阶段评估学生的实习进度。

——帮助学生通过实习来整合理论知识和先前的经验。

——定期对学生提供个别的或团体的实习咨询辅导。

——与学院和机构相关人员保持密切的联系。

——对学生的实习效果和成绩进行总体评估。

第五章

社会工作实习督导

督导是广泛运用于各种专业机构中,促进机构良性运转的一种机制,也是一种管理理念。在社会工作专业机构中,督导是专业工作的一个基本要求。社会工作实习督导是专业督导的一种,其区别仅在于对象的不同,他是以实习学生为对象的。社会工作实习督导是社会工作专业教育的一部分,他与课堂教学共同构成专业教育的完整结构。如果说课堂教学是一个普遍知识的传递过程的话,实习督导则是一个帮助学生将普遍知识转化为个人智能和经验的过程,更是一个帮助学生将专业价值观与个人价值观整合的过程。所以说督导是实习教学中至关重要的一环。

第一节 督导的含义和功能

一 什么是督导

早在1949年,罗宾森(Robinson)将督导定义为:督导是一个"具有相当的知识和技能特质的工作员负责训练特质较低的工作员的教育过程。"[1] 罗宾森强调的是督导的教育特征。在罗宾森定义的基础上,后来又进一步提出督导的行政性特征。而Kadushin在此基础上又提出了"表达——支持的领导才能的功能"。最后他将这三个方面合在一起提出了一个督导的定义:"社会工作督导者是一个机构的行政人员,他被授权对那些他应负有责任的被督导者的工作表现进行指导、协调、推动和评估。在履行这个责任时督导者在与被督导者的积极互动关系中发挥着管理、教育和支持作用。督导者的最终目的是依据机构的政策和程序,在质和量两个方面为案主提供尽可能好的服务。"[2] 这里面包含着三个方面的内容。

---

[1] Encyclopedia of Social Work, NASW Press, 1995, P.2373.
[2] Encyclopedia of Social Work, NASW Press, 1995, P.2373.

①督导是一个管理过程。对于一个专业机构来说，在一定的机构政策的架构中，具体的管理行为并不是一种科层式的行政管理，而是一种专业的协调过程。督导者有责任协调被督导者与机构中其他成员的关系，在机构政策的指引下共同工作。

②督导是一个教育过程。由于督导面对的是实习学生和缺乏经验的职员，所以督导者有责任帮他们在实际工作中检验他们课堂所学的知识和技能，积累经验。

③支持和激励工作员的积极性，提高其工作的专业动机。这里面的关键是督导者与被督导者是在积极的互动关系中实现督导过程的。督导者与被督导者的关系与社会工作者和案主的关系是平行的。因此，在督导与被督导的关系中有三个关键的因素：一是关系（与人相处的一般能力）；二是信任（这是社会工作者与督导之间的一种开放的信任，他们可以像共享成功一样分担错误和失败的责任）；三是关怀（是由督导者所进行的将被督导者看做与案主一样的一种沟通）。

二　督导的功能

社会工作实习督导是保证实习学生在实习过程为案主所提供的服务的质量所不可缺少的必要保证。学生虽然掌握专业知识，但是由于缺少与实际经验的整合，其服务质量是难以保证的。而作为专业教育过程的一个组成部分，学生专业水平的提高也必须有所督导。社会工作实习督导有三个方面的功能,即教育功能、行政功能、支持功能。

1. 社会工作实习督导的教育功能

作为社会工作实习督导,教育性功能是核心。因为这是一个完整的专业教育过程的重要组成部分。他与学校中的课堂教学是不可分割的整体,对于社会工作专业甚至更为重要。曾华源教授提出了督导的教育功能的五个方面。[①]

①协助被督导者学习社会工作专业伦理原则和精神。这里所讲的实际上是一个专业伦理价值与实习学生个人伦理价值整合以建立起专业价值观的过程。学生首先在课堂上掌握了知识形态下的价值观,或者说是掌握了有关价值观的知识。但是,价值观是不能停留在知识形态上的。他必须在实践中形成。因此,需要督导者对于学生在实践中所遇到的对价值观的不理解和矛盾冲突进行引导,以帮助被督导者形成专业价值观。

②协助学生充实专业知识,磨炼专业技巧。社会工作是一个实务操作性的专业,他所需要的专业技能技巧只能在实践中形成。而督导则成为学校教学过程的延伸,由督导者指导学生在实践中练习专业技巧。

---

① 曾华源:《社会工作实习教学与督导训练—参与/整合模式之探讨》,第138页,台湾力行书局,1987。

③促进被督导者的自我认识,提高其对专业身份的认同。对于实习学生来说,他们对自己的身份的认识往往并不充分,甚至是模糊的。帮助他们认识自己的专业身份是督导者的责任。

④协助督导者了解服务对象的特性和问题。服务对象对其服务需求和所遇到的问题的表达往往是不充分的,而要为其提供服务,解决其问题就必须对他的需求和问题有深入的了解。督导者的责任就是对学生所掌握的情况进行评估,确定学生是否准确地掌握了服务对象的需求和问题,帮助学生进一步了解所需要的信息。

⑤帮助被督导者认同机构,并遵守机构的政策、组织、行政程序,并了解可以利用的资源,以为案主提供更充分的服务。

2. 行政功能

督导的行政性功能首先基于机构的整体性。一个专业服务机构并不是工作人员的简单集合,而是要求一种整体大于个体之和的工作效益。尽管专业工作人员常常是一个人的行为为案主提供服务,但是在机构中,每一个个人的行为都应体现机构的整体支持力量。要实现这样一个目标,督导就责无旁贷地要承担行政管理功能。督导的行政性功能的实现在于帮助被督导者,使他们的具体工作都能符合机构的期望和规定,同时又要保证工作的效率。

督导的行政性主要包括向被督导者说明机构的政策、行政程序和有关的工作规定；协助被督导者解决工作程序上所遇到的难题；向上级提出改进政策和工作程序的建议；帮助被督导者了解机构的行政方面的程序和规则。Kadushin 认为督导者在行政层面的职责有以下几个方面。

①工作规划和分派：依据个人的特性分派具体工作，使每个人的能力都得到充分发挥。

②工作检查和评估：充分了解每一个被督导者的工作能力和优缺点以及工作态度，通过评估帮助被督导者获得成就感。

③工作协调与认可：使工作员或机构彼此工作不仅是分工，并进而能通力合作，以达到群策群力的效果。

④行政的缓冲者：以化解或减少误会和对立，避免造成牵制或对服务的不满意。

⑤协助制定政策：根据实际状况，了解实际需求以提供制定政策的参考意见。

⑥建立沟通渠道：使机构内和机构间能彼此了解和接纳。

督导者不仅要负责帮助被督导者提高专业修养，同时还要与被督导者共同为所提供的服务负责。因此，实现督导的行政功能的条件是，督导者必须具有足够的权威。而督导者的权威应来自两个方面：一个方面是机构制度所赋予的权威，包括督导者的地位、职责、奖惩权和人事权等。这是机构制度赋予督导者的基本权力。但是，如果督导者过度使用制度所赋予的权力,那就说明督导者的权威还没有建立,只会造成关系不良,而影响权威的进一步建立;另一个方面是其工作经验、专业训练和年资所带来的权威。这应该成为督导者权威的主要方面,也是易于为被督导者所接受的权威。

3. 支持功能

对于实习学生来说,由于没有工作经验,当其面对案主时,常常会信心不足而产生无力感,在工作中产生退缩。学生在实习过程中经常会面临各种压力和挫折。这不仅影响学生专业修养的提高,更会影响其为案主所提供的服务的质量。因此,督导者必须帮助他们克服压力和挫折。实习学生的压力主要有以下几个方面。

一是学生身份的压力。作为学生他不仅要面对没有经验、个人信心不足的压力,还要面对作为一个学生与机构环境不相容的压力。

二是行政压力。实习学生由于不熟悉机构的行政程序和规则,但又必须完成实习任务所以造成压力。

三是来自服务对象的压力。服务对象来机构求助时,往往对机构都抱有巨大的期望,希望得到最好的服务。这种期望又常常会急迫地表达出来。这就会给实习学生直接造成压力。他们会担心自己没有能力给服务对象提供高质量的服务。

四是与督导者的关系所带来的压力。督导者所采用的督导方式、被督导者专业观点与督导观点的差异都会给实习学生带来压力。

当实习学生面对压力时，就会情绪不稳定，影响工作效果，同时也会影响学生专业技能的掌握。因此，督导者必须随时观察实习学生的表现，了解他们的心理需求，及时给予鼓励和帮助，使他们能够有效地克服压力，顺利完成工作任务。曾华源教授提出督导者常用的支持性技术有：再保证、鼓励、成就认定、基于事实表达信心、赞同与赞美；净化与疏导情绪、降低敏感和概括化、表示兴趣和关心的倾诉；提供资料面对现实、直接调试、提供示范性行为等。支持性督导是运用协调式方法帮助实习学生提高自我功能，以处理工作中所遇到的挫折和压力。

支持性督导是以情感关系为基础的。如果督导者与实习学生的情感关系融洽，随时可以讨论工作中所出现的各种问题，支持性督导就会发挥良好的效果。

支持性督导具有以下几个方面的功能。

一是增强学生的自我功能，建立信心，减低实习学生的消极情绪。学生由于没有经验，专业知识有限，因此，在实习中经常会表现为没有信心。督导者给予学生以充分的信任和必要的指导，有利于学生增强信心，减低消极情绪。

二是及时的关怀和支持，使学生在工作中有安全感，从而愿意不断尝试新的工作。对于实习学生来说，往往会为了取得好的实习成绩,而机械地遵循学校和督导者的要求,不敢越雷池一步。从而也就难以发挥创造性。

三是帮助学生及时总结工作成就,培养专业信心,激发工作热情。实习学生的每一点进步都需要督导者给予及时的肯定,让学生经常能感受到成就,以此来增强专业信心,激发工作热情,建立良好的职业期望。

第二节 督导者

督导是教育过程的一个组成部分,所以督导者作为督导过程的组织者,首先是一个教育者。所以在督导的过程中,督导者对实习学生有着极大的影响作用。因此,督导者首先要有良好的个人品格,同时又要有深厚的专业修养和丰富的工作经验,更重要的是他要有能力帮助实习学生将课堂所学知识转化为实际工作能力和经验。督导者的选择是十分重要的,这会直接影响实习的效果。

一 督导者的素质

一个合格的督导者应具备以下几个方面的素质。

1. 严格的专业知识训练背景和丰富的工作经验

督导是一个科学的过程,督导者对实习学生的每一次督导都必须有严格的科学依据。这就要求督导者自己必须受过严格的专业训练,对于社会工作专业的理论与方法有着深刻的理解。但是,督导又是一个充满经验的过程。学生在与案主的接触过程中充满着变数。他不可能是一个预先设计好了的活动。对于随时可能出现的意外情况,督导者必须有足够的经验来应对。这就要求督导者必须经验丰富,具有较强的应变能力。他不仅有能力处理实习学生所服务的案主的问题,还要有能力帮助实习学生对所遇到的问题进行总结,以使学生得到提高。

2. 督导者应接受过教育学和心理学的训练,有足够的教导学生的能力和意愿

我们首先要强调的是督导是一个教育过程,在督导过程中,督导者就是教育者。因此,督导活动也必须遵循教育学和心理学的原则。作为教育者,督导员首先必须明确的一个理念是:学生是处于发展过程中的准专业人员,他们的专业知识经验有限,但他们在心理上和专业知识技能方面都具有巨大的发展潜力,这也是督导者发挥教育作用的空间。因此,要求督导者必须以一个教育者的身份来督导实习学生。

3. 督导者必须对所在机构的政策和工作程序十分熟悉

这是引导学生在机构中实习的重要前提条件。因为学生的实习是机构为案主所提供服务的一个组成部分,他的任何一项活动都必须能够与机构的政策和程序相符合,否则就会导致实

习的失败,甚至会影响学生的进一步发展。

二 督导者与实习学生关系的建立与督导过程

督导者与实习学生的关系是影响督导过程的一个重要因素。督导关系是由督导目标和彼此的期望、督导方式以及双方的互助态度所构成。

1. 督导模式的作用

Munson(1981,1983)着重从三个方面来考察督导模式的作用。即:

——结构模式(传统、个人的、小组的和独立的);

——权威模式(认可和能力);

——教导模式(苏格拉底问答法、成长的和整合的)。

他考察了在督导过程中使用不同模式对社会工作者满意程度的影响。他发现使用结构模式对于互动和整合没有产生明显的差异,但是权威模式的使用则在所有方面都会产生差异。这是因为督导者产生于能力和技巧的权威要比由机构赋予的权威有更大的影响力。而以能力和技巧为基础的权威因个人因素的不同而会产生巨大的差异。当个人能力和技巧不足以建立权威时,就只能依靠机构确认其权威。着重依靠机构确认的权威往往是经不住时间考验的。当被督导者从督导者那里得不到有效的帮助时,督导者的权威就会降低。Kadushin经过研究相信,对于被督导者来说，他们更愿意与督导者建立一种咨询者——顾问关系，这也是许多社会工作者喜欢的模式。而许多社会工作者认为督导者的权威是一种消极的方式。

在督导关系中，督导者与被督导者相互之间恰当的期望水平、良好的态度是建立积极的督导关系的重要条件。而督导关系的好与坏直接影响着督导目标的实现。良好的督导关系是一切督导活动的桥梁。要建立良好的督导关系，首先督导者要有敏锐的观察力，要及时充分地了解实习学生的情绪和压力，随时给予支持和帮助。督导者还应表现出尊重与接纳的态度，在督导过程中，督导者要以支持和教育的态度来帮助实习学生。督导者要对实习学生的工作予以坦诚的评价，并以开放的态度接受实习学生的反馈和建议。这样才能建立起良好的督导关系。

2. 督导的实施

督导关系的建立过程，也就是督导的实施过程。曾华源教授将督导过程分为四个阶段。

①依赖期。这是督导关系建立的初期，实习学生虽有较高的学习动机，但是由于对自己的信心不足，心中充满疑问和忧虑。因此，在与督导者的互动过程中，实习学生会表现出对督导者的依赖。这时督导者一方面要帮助实习学生尽快进入工作状态，另一方面又要鼓励学生建立信心。

②怀疑期。这个时期实习学生一方面有独立的愿望，另一

方面又对自己的能力缺乏信心，怀疑自己无法为案主提供满意的服务。

③发展期。实习学生逐渐建立自信，在工作中逐渐表现出独立见解，开始形成自己的经验和工作方式。这时督导者就应该给予学生以充分的鼓励，促进学生形成积极的自我评价，提高其对专业和专业价值观的认同水平。

④自主期。实习学生经过一个时期的锻炼，能够独立开展工作，对督导者不再有依赖的心理，希望能够有充分的空间发挥自己的能力和实现自己的价值。这个阶段，督导者应该采取更为民主的工作态度，与实习学生分享经验和成功。

对于实习学生来说，在实习结束前并不是每一个人都能顺利完成上述四个阶段。这就要求在督导这一方面帮实习学生恰当地总结其在实习中所实现的工作目标的水平，特别对于那些未能实现实习目标的学生，更要为他们的进一步发展做好铺垫，而不至于使他们因目标未能实现而丧失信心。

三 督导的模式

督导首先是一个教育过程，同时也是一个专业实践过程。督导模式是在长期的督导实践中形成的相对固定的工作方式。每一种模式都有背后的支持理论。

各种督导模式只是相对而言的，不同的模式强调不同的重点。在督导实践中,并不能严格划分督导模式之间的界限。而督导者也不应过分强调督导的模式化。

1. 成长与发展模式

成长与发展模式强调学生的发展与成熟水平是督导活动的基础,针对学生发展的需要制定督导目标。学生的发展与成熟水平包括生理与心理的成熟,还包括知识能力的发展水平。在督导过程中,督导者必须充分了解每一个实习学生的个人发展状况,并根据个人条件制定具体督导计划。在督导过程中,要帮助学生充分认识自我,提高自己对专业的认同。

2. 学徒模式

学徒模式强调的是督导者与实习学生紧密的师生关系。在这种模式中,督导者在学生掌握了专业知识的基础上,其督导方式主要是进行个人经验的传授。其具体的工作方式是带领学生一起工作,紧密观察学生的每一个工作环节,随时发现问题随时解决。这种模式的一个关键是督导者与实习学生必须建立起融洽的关系。如果没有良好的关系为基础,就无法建立起这种督导模式。

3. 结构化学习模式

结构化学习模式强调学生的知识与智能结构与社会工作专业结构的相互配合性。他强调学习过程是有一定结构的。首先实习就是整个专业教育过程的一个重要组成部分,而实习本身又有自身的结构体系。因此，督导过程必须遵循实习过程的结构性要求来安排具体的督导过程。因此，这种模式的督导需要进行严密的设计，对督导的内容和方法乃至具体的形式都应预先进行论证设计，以求能达到预期的目标。

4. 行政模式

行政模式是以机构政策和程序为基础来设计督导教学的一种时下模式。它强调的是学生的实习必须溶入机构的整体工作程序之中，学生的实习目标必须是机构整体目标的一个组成部分，而评价学生实习效果的标准也是机构的目标的实现。这种模式强调案主的利益是不可动摇的，不能因为实习的需要而对机构的工作目标和程序进行改变。在案主利益至上的前提下，由督导员对学生的专业行动进行具体的规定。这种模式强调的是工作的结果。

目前国内社会工作教师队伍中虽然有一部分人已经接受过一定程度的专业训练，但是真正受过社会工作督导训练的人却不多（1993年北京大学社会学系曾经与香港理工大学社会科学系联合举办了社会工作实习老师训练课程），这在一定程度上影响了社会工作实习的教学质量。虽然从社会工作这门应用性学科的角度来看，社会工作实习督导在整个社会工作教育过程中的地位是得到大家的普遍认可的，但就目前国内各院校的社会工作实习督导的状况而言，仍有几方面是制约其发展的重要因素：①缺乏受过专业训练的督导人员队伍；②缺乏制度化的管理过程；③缺乏必要的经费保障；④缺乏来自实习机构方面必要的专业化的配合。

要想改善这种状况，需要从以下几方面入手：①有目的、有计划地对社会工作教师和机构的督导人员进行督导训练；②加强对社会工作实习和督导的研究，定期组织研讨会；③订立社会工作实习督导制度；④投入必要的经费保障。

第六章

社会工作实习教学过程

第一节 实习前的准备

一 与实习相关的课程安排

社会工作实习在整个社会工作专业的课程体系中是非常重要的一个环节,但是它也与其他的课程之间有着密不可分的关系。在实习课程开始之前,一些引导(先导)性的课程的设立是非常必要的。这些课程不仅应该让学生尝试掌握基本的专业知识和技巧,还应该帮助学生做好充分的实习前的心理准备。对社会工作实习教学而言,社会工作实习既是在帮助学生整合课堂教学所传授的知识与技巧,使之形成符合实际工作需要的专业工作者所具有的整体工作能力;也是一个使学生在实习过程中学习认同社会工作专业价值的过程;同时,通过这一检验课堂教学成果的机会,为今后调整课堂教学计划提供必要的依据。

不同类型的实习教育所达至的目标不同,对实习前的准备课程的要求也不一样。为了实现这些目标,社会工作实习前的课程应该做这样一些安排。

第一类实习重点在学生的自我认识、助人技巧训练和对福利机构的参观讨论方面。在课程的方面,学生须修学了社会学、心理学、社会工作导论等课程。

第二类实习的内容主要是安排学生在福利机构内实习,并配合机构的性质在实习督导的指导下尝试各项助人的福利服务。在课程的方面学生除了要修完第一类课程的内容外,还需学习人类行为与社会环境、个案工作、小组工作等课程。

第三类实习的主要目的是训练学生规划、执行、评估社会福利服务方案,培养学生的领导、组织、协调、运用资源解决问题的能力。在课程方面学生除了修完前两类实习所要求的课程外，还需学习社区工作、社会政策、社会工作行政等课程。

同时，学生亦可在这三类课程的学习中选修与实习相关领域的课程。

在这三类实习中，从事第一类实习教学的教师，以认识社会福利机构、练习助人技巧和帮助学生自我了解为主要课程目标。

从事第二、三类实习教学的教师则将课程目标主要订立为以下五点（谢秀芬）。

①在实习中将理论与实务配合，有实际经验；
②熟练社会工作助人技巧；
③了解机构运作的情况和社会工作员的功能；
④培养适当的服务态度、专业精神、伦理规范和价值；
⑤培养工作能力和自我成长。

二 实习机构的遴选与确定

我们在前面第四章关于对学院在实习教学中所承担的责任的讨论中曾提出了遴选实习机构所应考虑的三个方面的条件。某种角度上讲，实习机构的遴选与确定主要是发生在以学院为本的实习模式或是机构与学院合作的实习模式中。在确定实习机构之前，学院应当首先完成对所选实习机构的评估。对机构的评估应该考虑以下几方面的内容：

①机构目标与学院教学目标的一致程度。

②机构服务项目的规模和深度，以及所能够提供给实习学生的实习机会和允许学生参与的层次。服务范围或服务功能过于狭窄，或是服务方式偏重于消极性的慈善福利服务方面的机构，将无法满足社会工作专业教育训练的要求。

③是否具有适合的社会工作实习督导者。实习督导者是影响学生实习学习效果的最重要因素之一。在社会工作实习中，机构中的实习督导者扮演着"示范者"、"教育者"、"支持者"、"咨询者"、"协调者"等角色，所以从事实习督导者除了具有热心实习教学外，还需具备一定的社会工作专业知识并接受过一定程度的督导训练。

④机构是否具有稳定的组织结构和良性运行机制。如果机构目前缺人，或是有许多新人加入，改组或增设新的服务项目等情况下，都不适合接受实习学生，以避免无法兼顾对实习教学的妥善安排。此外，机构人员之间不和或工作士气低落等情况存在，也不适宜接受实习学生，以避免学生在专业认同和学习上受到不良的影响。

⑤机构是否具备有利于学生实习的设备条件。机构完善的教学器材和设备的有无以及状况的良好与否（如隔音、隔间、办公桌、录音、录影、单面镜等设备），都会影响学生的实习效果。

⑥机构主管和其他部门的支持。学生到机构实习，会对机

构的组织运作产生影响。如果得不到机构主管和其他部门的支持,学生可能会在实习工作需要接触其他人员过程中,感受到压力或被排斥感,这会使学生在专业认同和机构参与上产生负面的影响。

中国目前尚没有建立起专业的社会工作制度,从事专门社会福利服务的专业机构也很少,所以具有足够资源、可以担当起社会工作实习教学责任的机构不多。但是,确实已经有相当数量的政府部门或机构实际正在承担着社会工作实习教学的任务。它们包括:

①民政系统:如民政部(局)及其所属的福利服务系统;

②政府(或具有政府职能的)部门:扶贫办、残联、老龄委、计划生育委员会、卫生部(局)、红十字会、街道等;

③群众团体:如共青团、妇联、工会等;

④民间机构:如一些非政府组织等。

第二节 实习教学的模式与方法

一 实习教学模式

实习作为一种情境学习,如果缺乏明确化的学习目标和学习内容,常常会使整个实习过程变成随意的或无组织的经验积累,甚至学生在实习中所进行的一些试验实习或摸索行为会对服务对象的利益产生巨大的伤害。因此,社会工作实习教学的性质是透过学生学习服务案主,以教育学生的过程(曾华源,1987)。基本上,实习教学被视之为学生在教学者有计划的安排各种学习机会下,一方面加深对理论知识的体会;另一方面在人格和行为上做有目标和方向上的改变,以便获得社会工作服务所需的原则和态度 (Siproin, 1982:176)。

对于社会工作的实习教学,许多社会工作教学者提出了自己的看法。

Gitterman Dewey 和 Bruner 提出实习教学的整合模型,即社会工作教学是介于放任学习与权威控制之间,社会工作教学的主要任务在于催化个人学习连接要求和将要完成的工作。

Hokenstad 和 Rigby 依据 Bruner 的教学原理提出参与模式,强调师生双方应积极参与教学过程。其中教学者的教学策略,应促使学生与环境适当的互动,透过运用过去的经验,以便在问题解决过程中,获得原则与概念。

Sheafor 和 Jenkis 以 Gordon 和 Schurtz 对社会工作实习教学概况的研究报告为基础,归纳出社会工作实习教学有三种理想型取向。

①学徒式取向(apprenticeship approach):主要着重在"做",并期望学生从中获取社会工作所需要的知识和了解。这

是经验归纳的学习模式，完全要依赖机构提供充分完全的机会练习。缺点是：案主在没有受过训练、缺乏知识和经验的学生的实习中，将存在权益受损或个人受害的危险；同时，在这种实习模式中，实习效果的好坏将很大程度上取决于实习教学者的水平。

②学院式取向（academic approach）：着重认知上的发展，认为在实习情境中的"做"，只是在印证学校理论知识的例证而已。缺点是：犹如象牙塔式的学习，学生虽然知识很丰富，但实际解决问题的能力较差。

③结合式取向（articulation approach）：着重在有计划的结合认知和经验上的学习，即教学目标同时着重知行学习的结合。虽然这种实习模式学生可以真正参与学习过程，但同时也需要机构实习督导者具备强烈的责任感，并要花费大量的时间投入实习教学过程。学校老师也需要花费许多时间，定期探访机构，随时了解学生的实习情况和所出现的问题，并给予适当的解决或辅导。同时，学校老师还要扮演机构实习教学者的资源者和咨询者。

台湾东海大学曾华源教授提出参与整合实习教学模式。所谓"参与"是指教学者（包括学校老师和机构实习教学者）和学习者共同表达对实习学习的期望，并且积极参与实习计划的拟定活动的学习过程，强调学生、学校、机构和实习教学者的共同参与。所谓"整合"则是指学校、机构及学生对实习教学期望的融合，以及如何促使学生整合学校理论知识和实习经验，并增进个人知、觉、行三方面的整合。图1是参与整合模式实习教学工作的流程图。

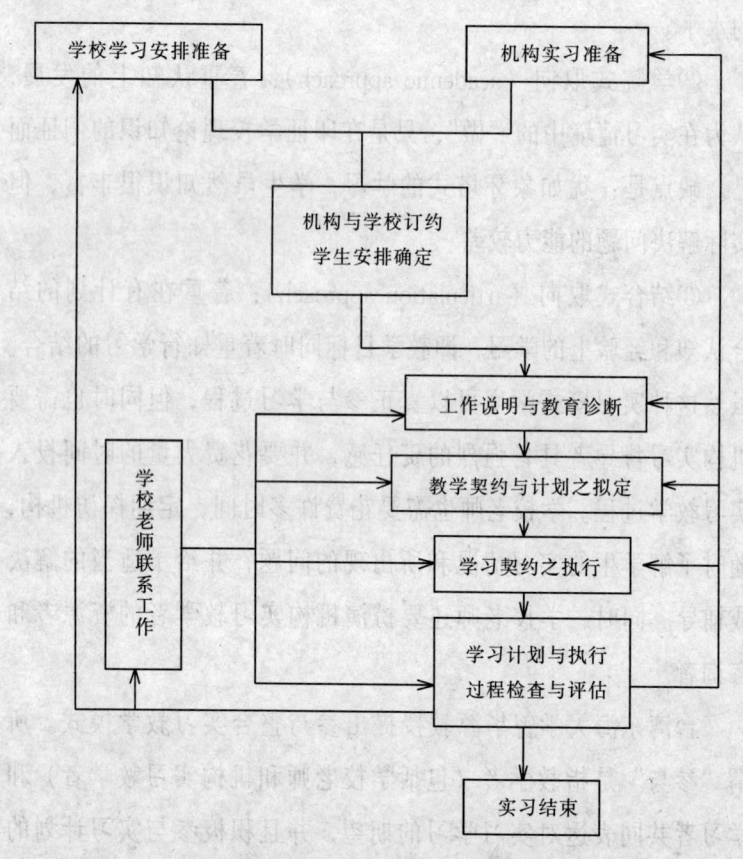

图1 参与整合模式实习教学工作流程

二 实习教学方法

在社会工作实习教学上,有以下几种经常使用的教学方法。

1. 个别讨论教学法

在社会工作的实习督导中,个别讨论教学法既是最传统的也是最主要的教学方式。个别讨论教学法指教学双方针对学生在实习上的表现,或是实习过程中所遭遇的疑难,进行面对面且较为正式的讨论,以帮助学生成长。这种教学方式的好处是:

——能够针对学生个体的独特性和个人的需求,提供差异性的教学内容;

——由于学生在这种教学过程中必须要单独面对实习督导,所以,增加了督导对学生实习情况的深入了解,也使得督导和学生必须在会面前对所要讨论的内容有深一步的准备,增加了督导和学生对实习的投入;

——督导亦可以通过这种面对面的教学方式向学生示范与案主的会谈技巧。

这种教学方法的不足之处在于单独面对督导的压力会使得一些学生产生过度的焦虑,并会导致他们采取自我防卫和抗拒学习的心理和行动的出现,进而影响到学生对实习的投入。

2. 团体讨论教学法

这是一种运用团体讨论的形式,让成员针对共同的问题和需要，彼此交换思想、经验和观念，以达成对学生实习教学的目标的教学方式。这种督导方法在未来国内社会工作实习教学督导中可能将被重点采用。因为个别讨论教学法对督导在专业和经验上的要求都很高，同时还需要督导对每一位实习的学生都要给予一定时间面对面的讨论教学。但是从目前国内社会工作教育的师资队伍来看，却很难达到这种要求。因为一方面承担督导任务的教师大多缺少在社会工作实务领域的相关经验；另一方面通常情况下一位教师所要督导的学生人数过多的局面，也限制了个别讨论教学法的使用。

团体讨论教学法的好处是：

——节省实习督导者许多个别教学的时间和精力；

——学生可以通过了解其他同学在实习中的问题和困难而获得心理上的支持；

——在团体教学中，学生有机会为自己的意见和观点做陈述或辩解，也可以聆听同学和老师的反驳意见，学生可以通过在团体内的相互学习、交流和讨论，丰富他们的在实习中的体验与收获；

——学生可以在团体教学中观摩督导引领团体的经验，并尝试观察团体动力的发展。

团体讨论教学方式的不足之处在于不能很好地顾及个人的学习特性与需求。

3. 个案教学法

个案教学法是凭借分析和研究一个简要描述的服务工作的实例,以获得认知层次上的学习,了解理论原则和技巧运用的教学方法。在实习教学中,个案教学法大都是在实习初期使用,以他人已写好的记录或已做完的工作为实例,作为教学上的教材(曾华源,1987)。

4. 角色扮演法

角色扮演法是指在实习教学中通过一定的情景设计,让学生通过尝试扮演另外一个角色,体验与他人互动的过程。这种教学方法有助于会谈技巧的练习或问题原因的探讨和处置技巧的学习及掌握。

5. 讲授法

讲授法适合在对实习工作进行说明、介绍机构或有关专业知识等情况下使用。目的是在短时间内向学生提供有系统的知识。

6. 示范

示范则是对没有经验的学生有很强的引导作用。可以影片或现场实际展现工作的进行过程,让学生进行观看。事后则用讲解说明和讨论的方法,增强学生的模仿和思考整合能力。

7. 资料分派阅读

阅读资料分派则可以弥补实习教学上的不足,让学生利用课余时间做进一步的学习。为达到学习效果,可让学生在阅读后,以书面或讨论分享的方式来澄清有关概念及问题。

8. 参观与专题研究

到实务机构进行参观,然后以专题研究的形式对实务机构及其服务系统进行整理认识。

第三节 社会工作实习的评估

一 实习评估的意义

实习评估是指在某个特定时段中,以客观的方式考量实习学生在工作中的整体表现。

社会工作实习的教育性取向决定评估是教育的必要的手段。社会工作专业教育课程的主流是能力本位教育课程。同时,近几年来在实习教学中也开始重视可量化的或清楚明确的实习教学目标和评估标准。实习评估是行政程序的一种,其主要目的一方面是协助学生专业成长,改善专业不足;另一方面是评定实习成绩和效果,判定学生对专业的认同度,促使学生发展他们的专业技能,以便早日成为一名合格的社会工作者。

社会工作的实习能否达到它的最终目的,实习评估在其中起了非常大的作用。实习评估具体对实习学生而言,可以有以下效果。

①使学生清楚达到机构目标和要求的程度,减少模糊不清所造成的焦虑。

②透过经验、能力具备的督导的考评与回馈,使学生了解并相信自己的成长并获得成就感,同时知道缺点所在及改善的方向。

③评估可以激励并引导学生学习,督导者能清楚点出学生已学习到的行为,有助于学生继续朝该行为加以努力。

④促使学生察觉实习的焦点任务,使其能专注于这些任务好好表现。

⑤评估是对之前工作的评价,因此可透过评估找出仍不足之处,找出督导未来应指导的方向和目标。

⑥帮助学生学习对自己的实习绩效作自我评价,并可依此作为改进的依据。

⑦有助学生做生涯规划,经过评估可以了解自己是否具有从事社会工作的资质和能力,作为自己职业的准备。

实习评估具体对督导者而言,可以有以下作用。一是一套公正的考量标准,可避免督导者本身的偏见;二是评估可让督导者更清楚学生已学了什么,还要再加强什么;三是评估的标准可作为学生行为规范的工具,同时可减低角色模糊或冲突带来的困扰,就督导而言,具有行政督导的功用(张玲如)。

二 实习评估的类型与方式

实习评估可分为非正式的评估和正式评估两种,其中正式评估又可分为诊断性评估、形成性评估和总结性评估(曾华源,1987)。

诊断性评估通常在实习教学之前或学习发生困扰与问题时使用,在于了解学生学习的起点、学习特质和学习困难的原因。

形成性评估则在教学过程中使用,即通过督导的观察和记录,或采用评估表等方式,收集学生的学习表现资料,以了解学生学习的进展与不足之处,并提出改进方向。

总结性评估是在教学活动结束之前或结束后实施,以便了解学生达成学习目标的程度。

非正式评估可能在实习督导的任何时刻发生,督导的每一举动和反应,都可视为对学生实习工作的非正式评估。

正式评估是实习评估中着重被考量的。因为通过正式评估,学生可以明确地了解自身的学习状况和需要,同时,透过学生的参与反应,才能更加客观和正确地做出判断。作为正式评估的三种方式,将会根据其各自的作用在实习的不同时期被采纳使用。

三 实习评估的原则

①实习评估应该是个持续的过程。学生的实习是一个动态的过程,对学生实习的了解和评估也必须持续不断。

②实习评估过程非常强调学生在其中的参与，因此，督导者应事先与学生讨论评估的程序，包括时间、标准、评估工具等，以便学生了解评估的各个环节，更好地参与到评估过程中。同时，学生积极地参与评估过程能够提高学生的学习与改变动机，达到评估的教育性取向的目的。另外，实习评估也是学生与实习导师共同分享实习体验的过程，可以最大限度地增进实习导师与学生彼此的相互了解。

③实习评估应以学习过程和学习本身为重点。实习评估作为实习教学的必要手段，目的是结合实习目标，通过对学生在实习过程中的表现的了解，与学生一起分析他的专业知识和技巧在实际运用中的情况，应以评估学生的学习表现为重点。

④实习评估应在正向的关系情境中进行。学生对评估常有一种对待考试的态度，紧张、焦虑、对抗等情绪都可能在评估的过程中出现。在实习教学中，实习导师应该努力在一种正向的关系情境中进行评估，协助学生坦诚、开放地面对自己在实习中的优缺点，将评估作为促使自己专业成长的重要手段。

⑤评估的过程中实习导师应该考虑到影响学生表现的现实因素。因为有的时候学生的实习表现会由于实习中的一些其他因素的干扰而受到影响，实习导师如果在评估中不充分考虑到这些因素，学生常常会感到委屈，同时，也会对实习评估结果提出质疑。

⑥评估不是最后的评断,是分析过程,重点在学生工作表现可修正的地方。要在实习评估的过程中与学生共同分析他在实习表现中的优缺点,以及在这种专业的学习过程中成长和停滞的部分。

⑦评估后要给学生具体的改进建议。我们进行实习评估的目的不仅仅是对学生的实习进行等级评定,而是希望通过实习评估,改善和增进学生的学习成效。因此,在评估后要给学生具体的改进建议,使学生在实习教学这个学习和改变的环境中有章可循。

四　实习评估的执行

在实习中期,每个督导者都应对其所负责的实习学生的实习表现进行中期评估。这一评估结果应该与被涉及的学生共同讨论、分享。此过程应该依照中期评估报告中的细则进行,同时,还需参照在课程开始时所订立的学习契约,通过回顾过去的学习历程,检讨不足和经验,并计划下一步的实习。

社会工作的实习评估是一个连续的过程。从学生实习前的准备,到最后的实习总结,评估的因素渗透在其中的每一个环节。但是,有一个原则是我们需要把握的,即在评估的执行中,我们应该需要强调学生在实习中所表现出来的正面特征,以促进学生的成长。同时,对学生在实习中所表现出来的问题,应

第六章 社会工作实习教学过程

与学生认真讨论。

在实习过程中,一般要进行两次正式的实习评估工作。一次是中期评估,一次是终期评估(见图2)。

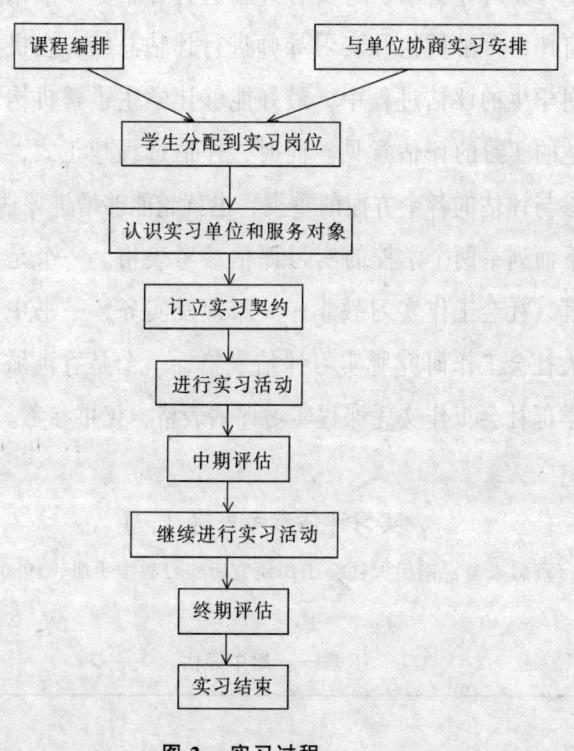

```
课程编排              与单位协商实习安排
     ↓                      ↓
     学生分配到实习岗位
              ↓
       认识实习单位和服务对象
              ↓
           订立实习契约
              ↓
           进行实习活动
              ↓
            中期评估
              ↓
         继续进行实习活动
              ↓
            终期评估
              ↓
            实习结束
```

图2 实习过程

通过图2我们可以了解中期评估和终期评估在实习过程中的位置。其实实习评估作为一个持续的过程是贯穿在整个实习教学过程的始终的。但是中期评估和终期评估却是实习中两次最重要的也是最正式的实习评估。在这两次评估中,教学双方通常会依据学院的实习大纲或实习指导手册,以及实习之初的实习学习契约等要求,对实习过程进行评估。一般来说,先由学生自评,再由机构和实习导师进行评估总结。在机构和实习导师对学生的评估过程中,最好能够让学生了解机构和实习导师对他的实习的评估意见。同时,评估过程越正式,就越能够引起参与评估的各个方面的重视,也就越能够增进评估效果。

下面列举两个学校的实习评估参考表格。一个是曾华源教授在其《社会工作实习教学——原理及实务》一书中所提供的南伊大社会工作研究所实习评估表格,一个是香港城市大学社会科学部社会工作文凭课程实习评估表格,仅供参考。

实习评估参考表格(一)

(资料来源:南伊大社会工作研究所实习教学手册,1980年)

表一 期中评估

引言
评估的目的是鼓励学生确认实习目标,以加速教育上的发展脚步,增加实务工作技巧和使学生准备负起更大的责任。阶段性评估和持续性评估为学生学习经验的一部分,因此,学生要被鼓励参与完成这一评估 学生: 日期:

第六章 社会工作实习教学过程

续表一

机构：
　　实习督导者：
第一部分
　　列举和描述学生被分派的工作和责任（即接触哪种类型的案主，有哪些行政计划工作、工作报告等）
第二部分
　　（有关教育性目标的评估大纲和设计，引文省略）
　　教育性目标
　　A. 专业人员要有的知识
　　　1. 行政结构的了解
　　　2. 机构方案与服务的了解
　　　3.
　　B. 实务工作技巧
　　　1. 与案主建立专业性关系能力
　　　2. 确认问题的能力
　　　3.
　　C. 执行工作技巧
　　　1. 与案主互动技巧
　　　2. 探索与掌握感受能力
　　　3.
　　D. 发展性期望
　　　1. 尊重种族、宗教、文化上的差异
　　　2. 责任的接受
第三部分
　　A. 学生需加强或发展之处
　　B. 学生在剩余时间里要继续工作的目标
　　C. 其他方向的评语
第四部分
　　学生的反应
　　A. 请对上述的评估提出自己的评论
　　B. ＿＿我同意在此阶段的评估

续表一

C. ____ 我不同意在此阶段的评估，理由如下

　　学习教学者：日期：
　　职称：
　　学生签名：日期：

表二　期终评估

（注：第一部分与第二部分和期中评估表相同，故省略。）
第三部分
　　A. 描述学生在实习上的实务表现与专业发展上的整体性评估
　　B. 评估学生直接服务上的准备
　　C. 评估学生对研究所教育的准备
　　D. 评估学生作为社会工作专业人员的职责感

　　建议：通过____不通过____

（第四部分与期中评估表相同，故省略。）

表三　实地工作经验评估

引言
　　此报告在你实习结束时，填写给你的实习行政协调老师。影印一份在你离开机构后送给你的实习教学老师。下列大纲中每一部分你都应该尽可能地、完整地和诚实地表示你在实地工作经验中的感受

　　　　　　　　　　大　纲

姓名：
机构：
实习形式：间隔式____并行式____

续表三

与实习机构的关系

1. 描述你在实习中所负责的事

    你认为这些责任是：①太重；②很适当地满足我的需要；③太少

    为什么，请说明

    - 机构对你要负责的事准备得如何（工作说明，持续不断地给予支持等）
    - 评估你在此次实习中，对独立作业所增加的能力

2. 说明你和机构实习教学者之间沟通足够与否

    - 推估实习教学者每周提供咨询与教学时间
    - 推估机构中其他工作者每周提供咨询与教学时间

3. 如果你能重新开始，愿意再次选择此机构实习吗？为什么

4. 你觉得此机构是否应该再安排社会工作学生：①不要改变；②只有在下列改善建议被接纳时；③一点也不要考虑。请说明你的考虑和立场

与学校实习老师的关系

1. 说明学校老师与你沟通的足够性如何
2. 你认为实习讨论是：①有意义的；②没有帮助的；③足够使用。请说明和提出你的意见
3. 每周日志：①没有帮助；②有帮助。请说明，并提出改进意见
4. 你目前的生涯计划是什么？此实习经验对你的计划有何影响
5. 有关实习经验的其他建议或评论

实习评估参考表格（二）

（资料来源：香港城市大学社会科学部社会工作文凭课程实习手册 1998～1999 年）

香港城市大学社会学科部毕业实习

中期评估报告

（中期活动完成后一个星期内）

学生姓名：_____

社会工作实习

年级：_____　　实习模式：_____　并行式/集中式

服务机构名称：_____

服务性质：_____

督导老师姓名：_____

一　发展回顾

二　获得的成绩及能力的增长

①知识

②技巧

③价值观、态度及专业发展

三　获得的改进和发展

①知识

②技巧

③价值观、态度及专业发展

四　其他注解

五　学生的评论（如果有）

第六章 社会工作实习教学过程

签名：_____
实习督导：_____ 学生：_____
日期：_____ 日期：_____

香港城市大学社会学科部毕业实习
实习评估报告

全职：实习1（集中式安排）
　　　实习2（并行式安排）

兼职：实习3（并行式安排/集中式安排）
　　　实习4（并行式安排/集中式安排）

学生姓名：_____ 督导姓名：_____
机构名称：_____
时间：_____ 至 _____
缺席天数：_____ 天　原因：_____
正式的督导面谈：_____ 个别的和 _____ 小组的

1. 工作情况的简要描述。（例如小组的性质、目标及运用的方法）

2. 其他经验的概述，例如案例讨论、集体会议、访谈（请详述）及社区研究

3. 具体情况下学习的助力与阻力

评估范围

1. 知识（25%）

①对实习机构和服务性工作的理解

②对有关资源的了解

③课堂知识与实际工作的结合

④对服务对象的理解

2. 技巧（45%）

①建立关系的技巧

②信息搜集的技巧

③评估

④编制计划和订立协议

⑤活动的进行

⑥活动的评估和终止

⑦记录的技巧

3. 价值观，态度及专业的发展（30%）

①专业价值观

②督导的使用

③职业操守

④工作管理

⑤专业发展

下面表格中，将成绩分为 A 到 E 五等，每一等级是对学生成绩的概述。

第六章 社会工作实习教学过程

等级选项		等级描述
A	优	表现十分突出
B	良	能正确的运用知识和技巧,认同社会工作价值观和遵守职业伦理
C	中	在专业知识和技巧的运用上,有有益的尝试或在职业伦理方面有基本认同
D	差	不能正确的运用专业知识和技巧,或在社会工作价值观方面存在明显偏差;或在职业伦理方面存在显著问题
E	差	不能运用专业知识和技巧,或者不认同社会工作价值观,或在职业伦理方面有显著问题

注:如上述选项不能充分反映学生的实习情况,可用"+"或"-"表示。除给出等级外,实习督导应撰写学生的实习评语,如果空间不够,请另附一页纸。

第一部分

一 知识(25%)

内容	预期行为和态度	条目等级	部分等级
一 对实习机构和机构服务的理解	1. 能很好的参与实习机构和社区的工作		
	2. 对实习机构适用于实习生的期望和规则及其沟通渠道有清楚的了解		
	3. 了解实习机构的哲学体系、政策、结构、服务以及它在福利系统的角色		
	4. 能够解释实习机构的政策、结构和功能		
二 对有关资源的了解	1. 认识到使用社区资源是专业社会工作者的重要职责		
	2. 能够了解和描述社区中可获得的社会福利资源		

社会工作实习

续表

内容	预期行为和态度	条目等级	部分等级
二 对有关资源的了解	3. 能鉴别适合案主需要的社区资源		
	4. 接受实习督导和职员关于与实习机构和社区资源接触的建议		
三 课堂知识和实际工作的结合	1. 在实习准备过程中,积极阅读相关著作		
	2. 显示课堂知识对实习的支持		
	3. 重视在撰写报告和进行讨论时课堂知识在实习中的运用		
四 对于服务对象的理解	1. 理解一般服务对象的特征		
	2. 鉴别服务对象的一般问题和需要		
	3. 认识到当前服务的提供的重要性		

评语:_____
_____
_____
_____

二 技巧 (45%)

内容	预期行为和态度	条目等级	部分等级
一 建立关系的技巧	1. 友好的交谈,专注的聆听,关注案主的语言和非语言信息		
	2. 与案主建立目的性的关系,承认社会工作原则的重要性		
	3. 尝试接触各种人群,包括那些与自己不同的人		

续表

内容	预期行为和态度	条目等级	部分等级
一、建立关系的技巧	4.理解亚文化的差异,包括价值观、行为、语言、和态度方面		
	5.意识到自己对于案主的情感		
	6.运用同感和同理心对案主的感受和想法做出反应		
	7.促进案主的自我表达		
	8.在与案主的关系中适当的使用权威		
	9.在助人过程中维持案主动机		
	10.适当地结束关系		
	11.承认在服务中案主接受服务时的矛盾心情,以及服务系统的局限性会阻碍案主对服务的使用		
二、信息搜集	1.从案主/目标系统中寻求相关信息,指导问题鉴定、分类和界定		
	2.从各方面取得充足信息为问题评估提供依据		
	3.取得相应的间接材料来评定问题的程度、范围		
三、评估	1.运用基本的概念和原理客观地分析和解释信息		
	2.鉴别影响案主/情境的因素(如:生理上的、心理上的、社会方面的、文化上的、政治上的等)		
	3.区分案主问题和需要的范围		
	4.鉴别和评定案主潜力的转变和障碍的转变		
	5.将评估作为新的、可利用的资料		
	6.鉴别存在于引导各人群对问题情景的理解和利益之间的矛盾		

续表

内容		预期行为和态度	条目等级	部分等级
四	计划和协议	1. 阐明有关案主的机构服务、工作员角色和行为目的		
		2. 帮助案主澄清问题		
		3. 向案主阐明详细、具体和可能取得的目标		
		4. 与案主商定和建立有关问题、目标及行动计划的协议		
		5. 预料和准备应付在改变出现的困难		
		6. 始至终遵循和维持契约并做适当的调整		
五	执行	1. 将机构的功能、政策和计划的目标、资源相结合		
		2. 检查和动员能满足案主需要的社区资源		
		3. 了解小组动力和组员间交互作用的模式		
		4. 了解个案/小组/社区工作所处的发展阶段和社工相应的角色		
		5. 了解小组/计划顺利运行所必须的技巧和程序		
		6. 利用服务对象自身的动力解决案主的问题，满足案主的需要		
		7. 通过案主在助人过程中的分享，激发其对于服务的责任感		
		8. 能够用适当的行动解决案主/小组/社区的问题		
		9. 促进案主对于个人/小组/社区成长的贡献		
六	评估和终结	1. 以案主为中心评估服务，详述其在达成目标时的进步		
		2. 改善服务而从适当的资源中收集资料		
		3. 案主的需要、机构的功能和问题的情境做出适当的转介或终结服务的决定		
		4. 与案主一起制订计划，寻求改变		

第六章 社会工作实习教学过程

续表

内容	预期行为和态度	条目等级	部分等级
七 报告撰写技巧	1．清楚而有系统的如实记录学生和案主的行为、情感及态度		
	2．清晰描述介入目标、评估和计划		
	3．确认适用介入过程的原则/技巧		
	4．以社会工作为知识背景，提交简明的报告、建议或总结		

其他注释：
_____
_____
_____

三 价值观、态度和专业发展（30%）

内容	预期行为和态度	条目等级	部分等级
一 专业价值观	1．真诚关心人，尊重案主，相信案主能够通过自身能力来改变、成长		
	2．案主利益高于工作员个人的兴趣和偏好		
	3．对案主信守真实和负责的承诺		
	4．接受和理解的社会工作基本假定		
二 督导的使用	1．准时交作业，及时做记录		
	2．为接受督导和分享做准备		
	3．鉴别和讨论积极/消极的体验		
	4．开放地接纳意见		
	5．能够贯彻从督导中所学习的		

续表

内容		预期行为和态度	条目等级	部分等级
三	职业伦理	1. 能够与机构员工、其他的实习生及其他专业人员合作，履行社会工作职责		
		2. 学习成为机构的一部分，在条件允许的情况下参与机构生活		
		3. 表现出基本的职业伦理，守时、有礼貌及责任感		
		4. 遵循机构政策和工作程序		
四	工作管理	1. 学会解决工作中需求的矛盾		
		2. 有效率的工作，适应工作需要		
		3. 面对困难、挫败和阻力不屈不挠		
五	专业发展	1. 关注当前专业著作和专业的发展		
		2. 理解个人的信仰、偏见、情感反应和弱点		
		3. 在介入过程中做自我评估		

其他注释：
_____
_____

第二部分

一　知识（25%）

内容		预期行为和态度	条目等级	部分等级
一	了解机构的服务	1. 了解自己在实习机构的角色和地位		
		2. 认同实习机构独特的哲学体系、政策、结构和服务		

第六章 社会工作实习教学过程

续表

内容	预期行为和态度	条目等级	部分等级
一 了解机构的服务	3. 仔细审视实习机构的哲学体系、组织结构及功能		
二 对于资源的了解	1. 积极利用机构和社区资源		
	2. 在理解案主需求和能力的基础上,运用服务网络		
	3. 了解香港社会工作系统中的服务评估		
三 课堂知识与实际工作的结合	1. 主动阅读实习的相关资料		
	2. 从主要的社会工作理论中选择适当的有关实习的理论设计介入策略		
	3. 确定实习中社会工作的角色和功能		
四 对服务对象的理解	1. 了解服务对象的一般特征		
	2. 确定和理解服务对象的问题、需要和发展阶段		
	3. 仔细检查当前服务		

其他注释:
_____
_____
_____

二 技巧（45%）

内容	预期行为和态度	条目等级	部分等级
一 建立关系的技巧	1. 在助人过程中,尝试促进案主/工作对象的参与		
	2. 面对案主的抗拒、防御和困难环境时,继续维持和发展专业关系		

续表

内容	预期行为和态度	条目等级	部分等级
一 建立关系的技巧	3. 对各种背景下的人群包括价值观、行为、语言、态度等存在亚文化差异的人群做出适当的反应		
	4. 了解自己对案主的情感，在与案主间的关系中适当运用自我		
	5. 对案主的情感和想法做出适当的回馈		
	6. 援助案主并促进其有目的的表达情感和思考		
	7. 在与案主的关系中适当的应用权威		
	8. 在助人过程中促进案主发掘自我		
	9. 适时的终结关系		
	10. 认清案主在服务中的情感，承认服务系统的局限性		
二 资料收集	1. 从各种渠道如案主自身的系统、文字记录、其他专业人士及其他间接方法获得信息和资料		
	2. 为问题的鉴定、界定和评估，获得一定深度和广度的充分的材料		
	3. 取得相应的材料来评定问题的程度和范围		
三 评估	1. 运用适合的特定的案主和问题情境适当的知识和理论来分析、解释收集到的资料		
	2. 鉴别影响案主或情境的多重因素（如生理的、社会的、文化的、政治的）		
	3. 辨别及区分需要和问题		
	4. 将评估作为新的资料加以利用		
	5. 鉴别和协调不同当事人对于问题情境的理解和利益上的矛盾		

第六章 社会工作实习教学过程

续表

内容		预期行为和态度	条目等级	部分等级
四	计划和协议	1. 在达至现实目标前考虑可行的方法并评估他们的可行性		
		2. 向案主澄清机构的功能、工作员的角色和工作目标		
		3. 依据案主的理解、需要、能力及机构的功能和具体情境,帮助案主澄清目标		
		4. 在明确问题、目标和活动计划中与案主系统协商和确定契约		
		5. 有能力在理解案主或具体情境的基础上,针对可能出现的环境和人员的变化,对介入策略和行动模式做出适当的计划		
五	执行	1. 在构想计划时不仅考虑机构的功能和政策,还要考虑目标和资源		
		2. 用不同的介入策略促进案主的改变		
		3. 介入不同的系统如不同个人、家庭、邻里、社区组织、政策福利网,推进工作进程		
		4. 认清个案/小组/社区工作发展的不同阶段以及与之相适应的工作员角色		
		5. 确定小组的动力和人员之间的相互影响模式,适当的介入		
		6. 能够预见和应付障碍,寻求改变		
		7. 通过所需的信息和支持谨慎的处理危机情境		
		8. 较好的运用技巧和工作程序推进计划进行		
		9. 在完成计划和满足案主需求的过程中,有效的利用资源和动力		
		10. 致力于运用适当的方法来矫正案主/小组/社区的问题		
		11. 促进案主对于个人/小组/社区的贡献		

续表

内容		预期行为和态度	条目等级	部分等级
六	评估和终结	1. 以社会工作介入知识为基础，对自己的工作情况和所取得的进步做进一步评估		
		2. 从适当的资源中收集资料以便更好的介入		
		3. 评估改变时应包含案主		
		4. 依据案主的需要、机构的功能和环境决定终结或转介		
		5. 与案主一起订立计划寻求改变		
七	报告撰写技巧	1. 系统的清楚的记录自己与案主的行为及情感		
		2. 清晰的描述介入的目标、计划和评估		
		3. 确认应用于介入过程的原则和技巧		
		4. 以社工专业知识为背景，提出建议、总结或报告，条理清楚，逻辑严密		

其他注释：
_____
_____
_____

三 价值观，态度及专业发展（30%）

内容		预期行为和态度	条目等级	部分等级
一	价值观和专业发展	1. 真正关心案主，相信案主的价值和尊严极其自我成长的能力		
		2. 案主利益高于工作员个人的偏好和兴趣		

第六章 社会工作实习教学过程

续表

内容		预期行为和态度	条目等级	部分等级
一	价值观和专业发展	3．信守对案主的现实的和有责任感的承诺		
		4．用专业的价值观、标准和职业操作守则指导实习		
		5．分析个人关于社会问题的专业的价值立场		
		6．灵活而有效的运用社会工作价值观		
二	督导的利用	1．准时交作业，及时做记录		
		2．为接受督导做准备，讨论中积极主动		
		3．从社会工作的角度对实习提出自己的想法和有价值的问题		
		4．开放的接受意见和建议		
		5．反思自己的介入，做出正确判断		
		6．能贯彻从督导中所获得的		
		7．伴随着积极/消极的体验成长		
三	职业操守	1．能够与实习机构中的同事、同学以及其他专业人士合作，履行社会工作责任		
		2．认为自己是机构的一员，尽可能的参与其工作		
		3．体现出基本的职业操守如守时、礼貌、责任感		
		4．遵循机构的程序工作		
四	工作管理	1．有效的管理时间和工作量，面临不一致需求时，能做出适当的选择		
		2．有效的达至工作要求		
		3．面对困难、挫折、阻力不屈不挠		
		4．在学习的需求与服务的提供之间达至平衡		
五	专业发展	1．对最新的著作和专业的发展保持兴趣		
		2．区分经验中理性与感情的成分，并使之统一、融合		

续表

内容	预期行为和态度	条目等级	部分等级
五 专业发展	3. 了解自身行为、思想和感情的模式		
	4. 了解自身的长处并发扬之		
	5. 了解自身的不足并改善之		
	6. 工作过程中要自我控制		

评语：

其他评语：

1. 学生的主要优点

2. 提高和改善的地方

3. 对将来专业发展的建议

第六章 社会工作实习教学过程

_____
_____
_____
_____
_____

总评：_____ 及格/不及格/处于及格和不及格之间

                                实习督导签名：_____
                                实习督导姓名：_____
                                学生阅读（签名）：_____
                                日期：_____

注：学生可附纸表明他对于实习督导评估的意见。

第七章

机构实习安排的过程

第一节 机构实习前的准备

实习安排作为一个过程,不仅指从学生在机构中实习安排开始到实习结束,而且还包括学生到机构开始实习之前这段时间,涉及学校、机构等方面良好与充分的准备与配合。

第七章 机构实习安排的过程

一 学院的准备（含督导\行政的准备）

在学生实习前，学校有义务协助学生认识其未来的实习身份，学习如何更好地进行实习。学校对学生实习前的训练与说明，包含下列各项（Wilson，1981：43~45）。

①实习在社会工作专业教育中的目标与地位。

②解释如何选择实习机构和实习督导者，学生如何配合此选择。

③何种实习态度被喜欢，在实习中会发生些什么事，学生如何配合机构的结构。

④实习中应有的经验。

——正式教学会议的次数（学校老师参加）；

——实习督导者每周提供给学生的教学时间；

——机构提供哪些方面的实习机会；

——直接与案主接触的时机；

——每个学生的可能工作量（每个机构可能不同）；

——学生在机构中实习时，所要写的记录类型及标准；

——其他。

⑤如果机构在定向工作上未提及会有何种经验时，学生应如何反应，包括如何沟通的技巧。

⑥角色组合中各种有关的其他角色说明，如实习督导者、行

政主管、学校实习老师等；包括对这些角色互动的态度和期望。

⑦学校课程所教授的内容，如何在实习中整合的重要性，以及如何整合运用，以便培养分析性思考能力和获得工作技巧。

⑧学生与实习督导者在实习安置期间所共有的需求和焦虑。

⑨学校、机构及实习督导者对学生的基本期望，包括适当的穿着、行为表现、出勤、与机构人员的接触、认识学校和机构可能有不同的期望、不同标准以及如何去掌握这些差异的提醒。

⑩说明学校实习方案目标，老师对学生在专业知识和技巧上学习的最低期望，以及实习对他专业成长上的协助。

⑪说明机构对大学毕业学生专业程度期望水准。

⑫说明学生在评估学习过程中的责任，并且参与使评估工作结构化。

⑬说明教育性契约的性质和重要性。

⑭与学生讨论可以对实习督导者的期望。当实习督导者不能满足学生需要时，学生应让实习督导者知道。说明导致实习失败的一些原因，并列举实例。

⑮学生在实习时所需要表现的行为、态度、工作习惯和技巧，与实习督导者沟通失败时应该怎么办。

⑯说明评估执行方式与评分过程。

——工作表现评估是一个持续过程，从实习的第一天就已经开始；

第七章 机构实习安排的过程

——学生自我评估,并如何与实习督导者和学校老师沟通;

——不同意评估结果时,学生可采取的行动;

——实习失败的影响;

——讨论评估表格和大纲。

⑰其他:诸如实习第一周读些什么,实习健康保险、实习作业有哪些及缴交日期,实习期间不可发生的事——如早退、中途请长假等。

⑱实习与工作的差异。

⑲专业伦理守则的阅读与讨论。

⑳其他。

我们已经在第六章中谈到关于在实习前一些先导课程的安排。在学生前往机构进行正式实习前,还应该有一个专门针对实习的"准备型"课程。该课程需要包括一些基本的专业知识和技巧的传授;对学生实习前的心理调试和辅导;向学生介绍实习计划、实习目标、实习进度、实习内容、作业和评估指标、如何有效地运用督导、目前国内社会工作的发展状况等。

在实习的准备阶段,学生将根据自己的意愿选择相应的实习领域,再与老师协商讨论,选择适宜的机构并向学校提出申请。学校根据学生确定的实习机构进行联络,再将最后的联系结果与学生讨论确定。

学校在学生进行实习前还需要完成督导上的准备。除了需要配备一个实习联络人或负责实习工作的主任负责整个实习工作的组织与协调以外，平均每 8~10 个学生就应该配备一名督导老师负责。尤其在目前国内社会工作机构的专业成分较少的情况下，来自学院方面的专业的督导对于保障社会工作实习的效果是非常重要的。

另外，学校如果在实习前没有能够与机构进行良好的接触，常常也会影响整个实习的效果。尤其是在目前承担国内社会工作专业实习的机构大多数并不完全是专业意义上的社会工作机构，对社会工作实习的理解也各不相同。同时，国内目前从事社会工作教育的教师也多以研究见长，对各机构实际工作的开展情况也知之甚少。因此，相互之间的了解与沟通就显得尤为重要。学校需要在实习开始前拜访实习机构，会见实习机构的负责人和参与实习的其他工作人员，通过相互的介绍与沟通，澄清双方的需要，使得学院进一步地了解机构的目标、运作情况、管理程序、服务对象和内容等，也使得机构明确学校对社会工作实习的目标和要求等。同时，学校选派学生到机构实习前，需要将学生个人的基本资料、修课情况、本人特点、过去的实习经验等资料提供给机构，以方便机构组织与学生实习前的会谈。如果机构由于各种原因暂时无法组织实习前的会谈，也可以凭借这些学生个人的资料甄别选择适宜的学生进入机构实习。

二 机构的准备

机构在实习前应该充分让学校和学生了解机构所能提供的实习经验和实习教学。在实习前，机构应该提供给学院有关机构的简介和可供学生实习的领域、内容、要求、督导等情况。通常机构提供给学校和学生了解的资料包括以下一些内容：

①机构所服务的案主团体。这包括案主的年龄范围、社会经济地位、主要问题或需求范围，等等。

②机构的组织系统。机构的主要功能；案主进入服务输送系统的渠道；机构的员工人数和类型；机构主要的工作部门；学生可以选择的实习部门。

③社会工作者主要角色和平常的工作内容。在机构服务中社会工作者通常的服务内容和技巧及其背后的理论基础。学生可以在实习中获得哪种类型的经验？其中较为特殊的是什么？

④机构对前来实习学生特性的期望。机构愿意接受哪种背景的学生前去实习，有什么特殊的要求？

⑤机构实习督导者的资历。机构中拟定担任实习督导者的人数、教育背景、工作年限和经历、专长和教导学生实习的经验等。

⑥机构提供的教学方法和风格。机构参与实习教学时的教学方法、教学要求。

⑦其他。机构对学生进行实习的时间、实习的组织形式、实习的收费等方面的要求，以及机构对学生实习期间的膳食、交通、办公条件等方面的说明等。

在学生前往机构报到实习之前，机构或机构中参与督导的人员还需要完成以下一些行政上的准备：

①在机构中通过行政渠道让各部门了解将要开始接待的实习工作。

②准备有关机构的各种资料提供给实习学生，以便学生尽早熟悉了解机构的情况。

③筹备机构对实习学生的欢迎会。

三 实习安排前的会谈

实习安排前的会谈的主要目的是通过提供这样一种方式，让机构了解学生的情况，以便机构决定学生是否适合前往该机构实习。社会工作实习中要求的这一会谈有教育性诊断的功能。

目前在国内的社会工作实习中并没有这个环节的安排，通常在实习前学生和机构彼此并不了解。只有少部分机构在学生前去实习前会要求了解学生的基本资料或要求安排与前去实习的学生会面，但对这种会谈的真正用意也并不十分了解。

一般说来，实习督导者在实习安排前的会谈中应该重点考虑了解学生的学习类型、学习动机、自身的人格特征、自我了解和探索的情况、个人的潜能和问题、个人在专业上的能力和技巧、对实习教学的态度等方面的情况。而正式会谈时，实习督导者可以与学生就以下内容相互了解。

①实习安排前会谈的目的。
②学生个人的情况。
③学生选择此机构实习的原因。
④学生对实习教学者和实习的期望。
⑤学生过去的工作经验。
⑥学生过去实习的经验。
⑦学生个人的生涯规划。
⑧学生目前的能力和需要成长的地方。
⑨对实习机构的介绍。
⑩向学生说明机构在实习中所能提供的教学风格和实习教学的取向。

这种实习前的会谈的结果一般都是机构和学生的彼此接纳，双方在会谈结束后就可以开始对未来的实习做进一步的规划。对于在会谈后认为不适合前往机构实习的学生，机构应以妥善的方式告知学生。

第二节 机构实习的过程

一 实习教学契约

教学契约是由教学双方共同参与,涉及双方所期望的学习结果、教学资源与方法,以及对实习的评估过程的约定(Hamilton & Else,1983:54)。对社会工作实习教学而言,教学契约具有下列几项功能。

①教学契约的订立,就是通过教学双方共同确定和同意教学目标和活动,促使双方参与教学过程。

②在教学契约中明确规定了机构、实习督导者、学校、学校老师和学生各方在实习中所负有的责任。

③有效的教学契约不仅定出教学期望,也定出工作执行的标准和过程,因此可以促成在实习教学过程中的有效评估。

④教学契约的准备和订定过程对学生本身就是一个教育的过程,学生可将此经验转换于协助案主的过程中,也可以对学生未来在专业上的发展有所帮助。

教学契约从表现方式上不仅有口头上的约定,也有文字上的记载。但是从教学契约的有效性而言,需要教学契约具备以下一些特性。

①正式性。正式性是指教学契约是用正式的书面格式书写，其中除了记载实习的一般性目标，还包括实习的具体目标，学生在实习中所能够获得的学习机会，实习教学的方式和具体要求，学生实习中所要承担的作业和具体要求，实习评估的指标和操作程序等方面的内容。

②弹性。正式的实习契约依然具有弹性的特征。因为实习是一个动态的过程，在实习过程中应该随时不断检查实习契约的合理性，并对需要修改的地方做出调整。

③相互性。为了更有效地实现实习各方对实习工作参与的主动性，就应该吸纳各方面实习的参与者参加最初实习教学契约的订立。通常会经过一二周的时间才会有较为明朗的实习计划和教学契约订立出来，一个有效的教学契约是经过解释、磋商、说服等过程而产生的（Wilson，1981：51；Hamilton and Else，1983：76）。

④现实性。教学契约的订立必须配合学生自身实际的专业情况。过高的估计或过多的限制都会影响学生最终的实习效果。

二 实习过程

机构实习教学大体分为以下几个步骤。

1. 实习开始前各项的准备工作

对学校而言，不仅要协助学生选择适当的实习机构，还需针对实习对学生做好一些"准备型"的工作,这其中包括一些基本的专业知识和技巧的传授,学生实习前的心理调试与辅导等。对机构而言,则需要明确自身对所接受的实习的态度、原则和目的,对要求前来实习的学生进行遴选。学校与机构在实习的准备工作后期将共同协商订立"实习安置契约"。内地的社会工作实习组织中常常忽略这一环节,但从实习组织的实际经验来看,与实习机构订立正式的"实习安置契约"可以从实习的最初的环节中就努力将实习带入正规化,同时,使得学校、机构和实习学生共同增强对实习较为正式的态度和承诺,以避免在实习过程中过多人为因素的干扰。同时,也方便对实习过程的评估。

2. 实习工作说明

机构方面应协助学生认识并适应实习的环境,包括向实习的学生说明机构的背景、组织、宗旨、服务对象、服务范围以及社会工作者在机构中的角色等,介绍机构对实习学生的期望,以及他们应该遵守的实习规则等。

3. 教育诊断

因材施教的目的决定要对学生进行教育诊断,即双方共同参与,共同讨论制订实习计划和内容。教育诊断工作是一个持续不断的过程,学校督导老师和机构实习教育者应该及时了解掌握实习学生的需求变化,以及通过实习活动表露出来的性格特征,实习学生也应该及时总结检讨自己的实习经验,确认自己的学习要求并意识自己的知觉状况。

4. 拟定实习计划

实习计划应由学生、学校和机构的实习教学者三方共同参与拟定,最后将以实习教学契约的形式固定下来。实习契约的内容包括确认实习方案的具体目标、学习重点与内容(理论、技巧和态度方面的学习)、进行方式、教学过程中各人的权责以及如何评估学习成效等。实习教学者应及时协助学生组织学习经验,促成学生有意义的学习。

5. 执行实习教学契约

作为实习中最重要的部分,实习督导者需在遵循教学原则的基础上,安排并设计教学情景,提供充分的实习机会,运用各种教学技巧(个别教学、个案研讨或个案教学、团体讨论、参与观察、角色演练等),让学生逐步累积和组织学习经验,协助学生在知、觉、行三方面的整合,进而达成实习教学的目标。在这一过程中,学校和机构双方应保持密切的联系,对学生在实习的过程中所遇到的困难或出现的问题,实习教学者应及时了解并共同商议解决。

从内地的实习情况看,在这个环节的工作是最为薄弱的。由于目前社会工作的实习尚处在不太成熟的阶段,从实习类型、实习内容、实习组织等方面都在摸索与尝试。其中较大的一些问题是:

对机构而言——机构对社会工作专业缺乏了解与认同，一些被我们称为社会工作机构或准社会工作机构的单位在目前来说并没有形成社会工作实习是一个需要机构、学校、学生三方共同协力完成的教学过程这样一种共识，缺乏共同担任起对社会工作人才培养的责任，对社会工作实习的专业性还抱有一定的怀疑态度，机构对社会工作实习更多的是"使用准专业人才"或是"检验准专业产品"的一种态度。

对学校而言——大部分内地学校的社会工作教学还处在刚刚起步和摸索阶段，具有正规专业训练的教师寥寥无几。况且目前大部分专业教师的状况还停留在对社会工作专业课程教学的引进、消化和吸收的阶段，对实务的体验并不十分丰富，更不用说对具体实习过程中教学方法的掌握。所以，从学校方面能够促使学生在实习中达成有效学习的能力已很有限。同时，社会工作实习也是一项成本很高的教学活动，目前，各个学校所能投入的人、财、物等方面的资源也是相当有限。

6. 检查与评估

检查与评估具有积极的教育意义。在坦诚的态度下，经常并定期的检查有助于及时了解学生在实习过程中的表现，并使学校和机构均能够保持对整个实习进程的监控，以便考虑对实习计划、目标、教学方式等方面的改善。评估大体可分成中期评估和最后评估两次进行，应依据教学契约中所订立的评估标准，评估学生在学习目标方面的完成情况,并对实习过程进行总结,以获取值得借鉴的经验。无论是检查还是评估,吸纳学生参加都是十分必要的,一方面可以让学生了解实习督导者对他实习情况的看法;另一方面也提供给学生一个澄清和改进的机会。同时,在机构评估和学校评估过程中,为了能够比较客观地掌握和了解学生的实习情况,机构和学校的实习教学者应共同参与进行。

7. 结束

在这一阶段主要是要妥善处理学生与机构的分离情绪,提醒并辅导学生做好所从事的实习工作的善后和转介工作。

三 实习中督导的安排和原则

1. 实习中督导的安排

实习中的督导程序涉及了学院、机构和学生三个方面。一般来说,学院方面会有一名总体负责实习的实习教学主任(Director of Field Instruction or Field Instruction Staff)或实习联络人,负责实习教学的整体筹划和管理工作。实习教学主任(或实习联络人)是学院方面负责实习的长期咨询员,在选择并确认哪些实习内容是与课程目标相一致并适合学生发展方面提供意见;在学生实习过程中,针对其进展情况对实习导师进行督导性顾问;在实习的等级评分中承担责任。

同时,学院会根据每次实习的具体情况安排老师担任实习导师(港台有些院校还会招募一些具有社会工作大学学位和一定工作经验的符合督导资格的人员担任学院方面兼职实习导师),实习导师可以根据自身的兴趣和专长,选择督导的实习机构和岗位。

机构方面则会根据学院对实习的要求安排相应的工作人员担任机构方面的实习导师,负责对前来实习的学生的督导工作。

2. 督导学生实习的原则

台湾东海大学社会工作系高迪理副教授在《如何督导实习学生》一文中介绍了 Charlotte Towle (1963) 所提出的督导学生实习的原则,对我们现在督导学生实习仍具有很大的启发性。

①在实习过程中,督导者需要协助学生认定他所要解决的问题。不论是在学生实习过程中所产生的学习困扰,还是因为对处理案主问题缺乏经验所导致的困难。督导者可以运用对质的技巧引导学生面对问题,同时也需要考虑学生是否有心理准备,以及案主的需求等因素。

②督导者应该给实习学生有充分的机会来说明和陈述他所要解决的问题,包括学生对问题的看法和感受。也可以从对他人的观点或情境的解析中,协助学生分析并列出主观和客观的影响因素。

③通常在学生第一次面对案主时,督导者须能引导学生进入解决问题的过程及情境。应考虑针对案主的问题,实习学生

能做些什么;督导者应如何提供协助,促使学生更有能力并以案主之利益至上来帮助案主。

④督导者必须让学生知道,在问题解决的过程中,有哪些行为表现是适当、可以接受、有效用的;同时也要能解释有哪些是不适切的行为表现。而此点意味着督导者必须让实习学生清楚地了解机构的程序规章,以及专业学习方面的要求条件。如果学生的问题产生在实习的部分,则督导者更需澄清其间的督导关系(例如:督导者能提供些什么;有哪些是学生的责任等)。

⑤督导者也需要能够处理"感受"的部分。不但能探知学生的感受,且需鼓励学生表达感受,也就是说,督导者需要体认和了解实习学生对问题的感受。其实质则需能接纳实习学生是个独特的个人,而此不见得就代表督导者必须接受学生的行为表现。但是如同上一原则,督导者有义务将不能接受的行为表现以及其原因解释让实习学生知道。

⑥当深入面对问题情境时,学生经常会刻意否认与自身有关的那一部分,此时督导者应尝试运用假设性的语气来挑战学生;并试着从学生的角度来看这个问题,以及问题所带来的可能影响。而这不是一件简单的工作,有时督导者必须能够摒弃过去与其他实习学生的督导经验,重新面对处理当前的问题。由于此种否认的现象常常也会伴随着抗拒的心态,而若此种现象持续存在,督导者须能让学生知道,学生终究必须接受和负

担此种后果的责任。当然,不论学生是否愿意或能否去做这种决定,有问题的行为仍需要改变。学生常会被迫行使非其感受、情愿下的行为行动,因此而感到挫折、不顺心等,如果学生能够去调试,且开始有成功转变的迹象出现,则抗拒的心态将会逐渐减低,也可能因此将获得更多的领悟。但若无法改变,则将可能导致严重负面的后果,例如:案主受到伤害,学生怀疑自己是否适合从事社会工作,甚至怀疑社会工作专业教育的功能等。

⑦当学生得到负面的回馈时(常有的事),通常会有受到威胁的感受,因而会使自己原有的概念变得模棱两可,或丧失自信,改变对自己和对督导者的看法等。因此督导者的回馈应强调对事不对人的原则,来建立行为表现、态度上的规范。学生对自己和对他人不切实际的期待,只会造成气馁、自我贬抑而降低学习及工作的动机。因此督导者需协助学生认清事实和现实的状况,避免假性的保证和夸大不实的承诺。当学生无法达成规范的要求时,督导关系的重点应在于探讨其理由,并进一步讨论学生和督导者需要再努力做的是什么。

⑧当学生将无法处理困难或问题情境归因于过去时,督导者可以使用的技巧并不是要马上探讨过去的不良经验,而是必须将讨论的重点置于比较过去和现在有何不同,期待学生能够用此时此地的经验克服过去的事件。也就是说,督导者须能关联彼此,但也能将其分开,并能够以目前的情境为主来解释为什么

会有此关联（探讨过去不一定要深入，但要能找出关键所在）。

⑨督导者须能引导学生让其了解实习对于学习是一种良知的过程，因此可以协助学生建立这种良心意识，秉持这种良知、良心来规范实习过程中自己的行为角色，而愿意将自己视为一名实务工作者。当学生的焦虑和心理防卫机能降低时，通常也较能增加其洞察和领悟力，且同时能将其所领悟的以具体的方式表达出来，成为未来实务工作中的重要经验。

四 机构实习中各有关方面的具体责任

在第四章中，我们已经讨论了社会工作实习中各参与方的角色及其责任，为了更顺利地实施实习计划，我们在这里再明确一下实习参与各方的具体责任。

1. 学院的责任

①物色、联系实习机构。目前国内的许多机构虽然不能完全符合社会工作实习的要求，但是社会工作实习不能够等待这些机构发展并成为专业的社会工作机构以后才开始进行。从某种意义上看，社会工作实习已经起到了连接社会工作教育机构和实务机构的作用，也推动着实务机构对社会工作专业的接受和认可。学院可以根据自己的专业发展需要，选择适当的实务机构作为自己的实习单位。本科阶段的社会工作实习主要是为了让学生透过接触实务工作的经验，有助于其对学校课程知识

的吸收和掌握。因此对实习单位的物色和选择最好能够配合学院社会工作课程的教学,同时要考虑所选择的实习机构所从事服务的规模和深度,以及可能为学生提供的实习机会和范围。同时,学院在联系实习机构的时候,应该有意识地建立一批长期、稳固的实习基地。这样的实习基地的建立,不仅使实习得到可靠的保障,也将成为学院和机构联手进行社会工作专业探索的"试验田",同时还会培养出一批具有丰富实务工作经验的机构督导队伍。

②向实习机构介绍专业社会工作的职能和社会工作实习的意义。这一点在社会工作教育的初期显得尤为重要。许多现在承担着社会工作实习任务的机构并不是专业的社会工作机构,对社会工作的理解和对社会工作实习的安排也各不相同。为了达到社会工作实习教育的目的,学院在实习开始前,应该与实习机构进行充分地沟通,使其能够对社会工作专业和实习有进一步的了解,配合学院共同完成实习教学。

③编订实习手册,与课程配合设计实习方案。目前国内开设社会工作课程的各院校很少有编订社会工作实习手册的,社会工作教育协会也没有确立各院校可以参考的统一的实习标准。在实习的组织实施方面,各院校的做法也各不相同。从目前社会工作实习的发展状况来看,短期内也很难在各院校间形成较为统一的社会工作实习标准。对各个学院来讲,当务之急是应

该规范自身的实习管理，使实习工作做到有章可循。

④配对学生和实习机构。实习提供了一个让学生思考自己是否适合从事社会工作的机会，实习教育对专业人才的养成非常重要。学院在配对学生和实习机构的过程中，应该考虑学生的个人兴趣、交通、以往的实习经历等因素，在参考学生的实习志愿和要求的基础上，编配学生在合适的实习岗位。同时，通过实习前的会谈等形式，给机构和学生之间提供充分的了解和选择的机会。

⑤培训和分配实习导师。国内目前大部分社会工作专业的教师没有专业的实习督导经验，因此在实习开始前对实习导师的培训就显得很重要。实习导师可以按照自身的兴趣和专长，选择需要督导的实习机构和岗位。

2．实习机构的责任

①为学生提供实习工作的基本设施。如学生实习时需要使用的办公桌椅、文具等，让实习的同学感觉他们在机构是被接纳的。

②介绍学生认识实习机构。这主要是在实习学生前来机构工作实习最初的1~2周内完成，是机构对实习学生的实习安排和工作说明过程。这个过程主要介绍学生了解机构的人员构成、工作环境、作息时间、服务系统等，说明机构对待实习教学的要求、规则等。通过这些介绍和说明，会让实习的学生尽快了解机构的环境和工作方式，有利于学生在机构中良好关系的建

立和实习效果的达成。

③支持学生进行实习活动。一直以来,在社会工作教育领域有着这样一种观点,认为社会工作机构有义务对未来专业人员提供训练机会。事实上,虽然实习会给机构的工作带来不便,但是许多机构还是积极地承担着在专业发展中的职责,积极地参与着实习教学。实习机构应尽可能地提供机会让学生尝试扮演专业服务人员的角色。

④协助评估学生的表现。学生在实习中的表现,机构方面的了解是最直接的也是最准确的。为了能够让学院方面对学生实习有一个准确客观的评价,机构有责任协助学院和实习导师对学生进行实习评估。这种评估既包括平时的动态评估,也包括实习结束后的总评估。

⑤活动经费上的支援。在港台,学生在机构进行实习活动时,可以根据实习计划填写"活动费用申请表"向机构申请活动经费。

3. 实习导师的责任

下面所谈到的实习导师的责任中,很多应该是机构和学院的实习导师共同承担的,但现在的实际情况是机构在实习教学中还无法担当起应有的责任,所以,为了促进社会工作专业的发展与成熟,学院和学院的实习导师有义务担负起实习教学的主要责任。

①实习前探访机构,了解机构的服务及行政上的运作。机构在长期的实际工作中已经形成了一套独特的服务和管理体系,他

第七章 机构实习安排的过程

们的工作人员对社会工作专业也没有太多的了解。学院的老师大多数也没有机构工作经验,对实务工作缺乏接触和了解。在实习前探访机构,有利于实习导师对机构的了解和认识,熟悉学生未来的实习环境。实习导师通过实习前的探访,也有利于与实习机构进行沟通,建立良好的实习关系。在实习的整个过程中,虽然机构方面并不见得能够提供太多的专业支持给学生,但是有了机构对实习的理解和支持,才有学生在机构顺利实习的保障。

②初步与机构探讨可进行的实习活动。由于目前我们所选择的社会工作实习机构大部分是从事着福利服务的"准社会工作机构",其工作内容中社会工作专业的成分并不太多。为了更好地达到实习教学的效果,实习导师应该与机构协商讨论其所能够提供给学生的实习机会,以判断是否能够达到学院的教学目标。

③实习初期帮助学生认识实习机构。实习机构的工作内容与书本上的知识是有很大分别的。学生在实习初期对机构的组织、结构以及工作内容都了解不多,初到机构实习会有许多的问题产生。包括如何看待课堂知识与机构工作经验的不同;怎样面对当前实习机构工作的非专业问题;面对与学校生活截然不同的机构工作模式如何适应等。这时候实习导师应该帮助学生认识和了解实习机构,并协助学生认识和解决在实习初期出现的困难。另外,从国内目前的实习来看,由于社会工作专业的学生人数很少,专业发展的空间较大,实习机构在专业发展

的空白点较多。所以,一些学生在最初进入机构实习时很容易表现出较强的对专业的承担感,抱着一种去建立专业形象的使命。所以对实习的期望很高,希望在机构实习的过程中形成一定的"专业权威"。这样的想法导致学生试图在实习中获得"专业满足感"。但是,事实上在实习初期学生体验得更多的是一种"专业挫败感",最大的问题是学生感觉自己在实习中的专业性不强。实习导师在这种情况下既需要鼓励学生在实习中所表现出来的对专业的这种承担感,也需要协助学生从体验"专业权威"和"以自我为中心"的态度中转变到体验"服务"和"以案主为中心"。在这个阶段,实习导师不仅要帮助学生尽快融入机构之中,同时也要帮助机构接纳学生的实习,并尽可能地调整以适应学生的学习需要。

④与学生订立实习学习契约。与学生订立正式的"实习契约"可以从实习的最初的环节中就努力将实习带入正规化,使得学生增强对实习较为正式的态度和承诺。实习导师与学生订立实习学习契约的过程,也是对学生的一个教育的过程。同时,实习学习契约作为实习导师和学生双方对未来将要开始的实习教学目标和活动的合约,既使得整个实习目标更加明确,也使得实习活动更加具体,同时,也方便日后实习导师对实习过程的评估。

⑤实习中期对学生进行日常的咨询、督导。从督导方法而言,个别讨论教学法仍然是社会工作实习与督导工作中最传统

也是最主要的方法。另外，相对于督导老师专业知识和实务经验的有限和督导学生人数较多等情况，除了个别讨论教学法之外，还应同时配合团体讨论教学法。就国内目前的情况看，由于督导人数、督导老师的专业水平等方面的因素影响，在使用不同督导方法时还有"紧密型"和"松散型"等不同的方式，这对学生实习的效果也会产生不同的影响。实习导师在实习中通过日常的咨询、督导，对学生进行专业指导、心理辅导、价值观的培养、情绪支持、纠正错误、持续评估等多方面的工作。从目前社会工作实习教育的实际情况看，督导老师不需对每一类社会工作手法或服务性质都了如指掌，但关于个案、小组等工作要有基础性的认识，对于专业社会工作在实习单位能怎样发挥作用也要预先有构想，以便指点学生。学生在实习初期对实习导师有高度的依赖感，渴望从实习导师那里获得"正确的专业技术"来获得服务对象的肯定。随着实习的深入和学生对实务操作的熟悉，学生与实习导师的关系进入一种较为成熟的状态，并能够在实习中对专业知识的运用和反省中表现出一定的自主性。

⑥审阅学生的实习报告。学生在实习过程中要向实习导师提供工作日志、观察报告、计划书、过程记录和总结性报告等实习材料，以方便实习导师对其实习过程的了解和实习效果的评估。

⑦协助学生修订实习计划。这也是实习导师督导学生实习的一个环节。学生虽然在进入机构之初的学习契约中对实习有

了比较明确的规划，但是，在机构的实习过程中常会发现许多与当初设想不同的地方。实习导师通过督导、审阅学生的实习报告等方式，了解学生的实习过程和问题，协助学生按照检讨结果修订实习计划。这一环节正是实习教育性取向的反映。

⑧与实习机构保持沟通。实习导师在实习中是联系学院和机构的纽带，也是疏通学生与机构关系的桥梁。实习导师在实习中与机构充分地沟通，建立和谐融洽的关系，才能保证实习的顺利进行。一般来说，实习导师在实习中与机构沟通的主要方式是访视（visit），除此之外，还可以使用电话或信函等形式。

⑨实习后期与实习机构和学生进行实习总检讨。在实习临近结束之前，实习导师应该与实习机构和学生一起对实习的成果、实习方案和计划、学生的实习表现和成绩等方面进行总结性的评估。一般来说，先由学生进行自我评估，然后再由机构方面对学生的实习表现写出评估意见（有些机构会为此召开正式的评估会议，同时邀请学校的实习导师参加），最后由学校导师完成最后的评估报告并给出实习成绩。在评估的过程中，实习导师应促成学生与机构、机构与学校导师、学生与学校导师之间的充分沟通。同时，实习导师在实习后期还要协助学生处理好结束实习时的一些工作和情绪。

⑩向学院提交报告。实习导师在实习结束时负责向学院提交实习报告和对学生实习的成绩评定。

4. 学生的责任

①遵守实习机构的政策和工作纪律。学生在机构中虽然不是正式的员工，但是学生正是通过实习尝试扮演专业服务人员的角色。为了实习顺利地进行，学生应该遵守实习机构的政策和工作纪律。

②按要求提交工作记录和报告。这是学校对学生实习的作业要求。因为只有通过工作记录和报告，学校的实习导师才能够对学生的实习进行更准确的督导和评估。同时，学生通过完成工作记录和报告，也会对实习过程进行整理、反省，有助于其实习效果的达成。

③向服务对象负责。学生进入机构实习时的身份虽然是实习生，但是在实习过程中，学生所提供的专业服务要充分考虑服务对象的利益。

④积极参与实习评估工作。学生应该在实习中配合机构和实习导师完成对他实习过程的持续性的和最终的评估工作。在实习总结和评估的过程中，让学生参与整个评估过程，会使学生更加清楚地了解他在实习教学中的表现和收获，对其专业成长很有帮助。

⑤严守保密原则。这是社会工作学生时刻要遵守的一条伦理守则。

下面介绍一下香港城市大学社会科学部对社会工作文凭课程的学生在社会工作实习过程中对待服务案主个人资料（私隐）

方面的要求。

社工学生于实习时需留意有关个人资料（私隐）条例的指引

（资料来源：香港城市大学社会科学部《社会工作文凭课程实习手册》1998～1999）

一　一般事项

①上述的条例已于1995年通过，并于1996年12月20日正式开始生效。条例的目的在于保障在世人士的个人资料的私隐。

②社会工作者（包括实习社工）均需遵守所指定的保障资料原则。

③资料（data）指在任何文件中咨询的任何陈述（包括表达意见），并包括个人身份标识符（personal identifier）；资料使用者（data user）就个人资料而言，指独自或联同其他人共同控制该等资料的收集、持有、处理或使用的人。

④实习社工除须遵守社工的"保密"原则外，尚须按条例的要求提供服务。这份指引列出本课程的社会工作文凭学生（以下简称学生）和实习导师于实习时须留意的重点。

二　搜集资料的目的和方式

①学生在督导老师的指引下须征询实习有关搜集个人资料

的适当方式。在任何情况下，学生须遵守以下原则。

一是须以合法和公平的手法搜集个人资料，而搜集资料必须是为了直接与将会使用该资料的资料使用者的职能或活动有关的合法目的。

二是搜集个人资料不应是用做将来可能的职能或活动。

三是在搜集资料前，应有安排以明确告知资料当事人此类资料将会用于什么目的及此类资料可能移转什么类别的人；

四是在搜集资料前，应明确告知资料当事人有要求查阅此类资料及要求改正此类资料的权利。

②在机构的指示下并按照所规定的方式，学生须告知受助者（client），其面谈或小组记录将会交予其督导员审阅，以期获得督导意见能为受助者提供更有效的协助。

三　机构记录

①在任何情况下，学生绝对不应将载有受助者个人资料的机构记录（agency records）携带离开机构的办事处。

②学生须在机构办事处内书写及完成机构的记录。

四　实习记录

①实习记录虽然有别于机构记录，但是也是记录受助者个人资料的一种文件形式。学生及督导老师均须采取所有切实可行的步骤确保实习记录中的资料的准确性，其保存期间亦不应超过达致有关实习目的所需的期限。

②载有受助者个人资料的实习记录只应用做实习督导和学习及评估该学生表现（包括分数调节）的用途。

③在实习记录内，学生应只用代号（如 A 太太、B 先生）代表不同的受助者，尽量避免使用受助者的正式姓名。这种安排的目的在于避免受助者的资料被意外的泄露，而非要学生向老师隐瞒资料。

④为了加强实习记录的准确性，学生可以录音或录影方式将会谈或小组集会记录下来。这是一个可取但并非必要的安排。在任何录音和录影前，学生必须征求机构的指示和得到受助者的同意才可进行。录音和录影只是一种辅助方式，并非可以取代书写记录。学生须审慎存放这些录音记录，并在将记录化成文字及经督导老师（或在有需要时经科目主任）审阅后尽快速将资料销毁。

⑤学生须于会谈或小组集会后及早书写记录，以确保记录内容不会因记忆淡忘而出现误差。

⑥学生可能需于办公室以外的环境书写记录。为免显露了机构的资料，学生应以普通（不印有机构名称）纸张书写实习记录。在记录内，也应避免书写机构及单位的名称。

⑦学生若有需要离开书写实习记录的工作间，应设法确保其他人不能查阅到记录中的资料。例如，尽管学生只是短暂离开工作间，亦须将记录妥善地收藏。使用电脑书写记录的学生

第七章 机构实习安排的过程

须关闭处理中的档案并携同所载于之磁碟方可离开。

⑧学生应尽量避免委派非机构员工之人员打字或编辑（无论使用打字机或电脑或其他方式）载有受助者个人资料的实习记录。

⑨学生若使用联网电脑编辑实习记录，须设法避免列印出的纪录被别人意外地查阅。学生亦不应将记录的档案存于联网电脑的硬碟中。

⑩学生应设法确保实习记录是妥善地传送予导师的手上而不会被他人意外地查阅。将记录存放于密封的信封后才传送予实习导师是一个良好的做法。

⑪若学生使用电子传真（fax）递交实习记录予实习导师，须于传真前致电通知导师以免记录被他人意外地查阅。若学生传真记录到部门办事处而未能联络上导师，须于传真前致电部门负责实习事宜的文员请求代为接收及转交导师，以确保记录能妥善地传送到导师的手上。

⑫在将实习记录交予部门做评核之前，学生及实习导师须设法确保记录的妥善保存。

⑬在校方发放有关的 Assessment Panel 会议的决定（学生成绩）之十天后（以日历）计算或在完成处理学生向校方正式提出的成绩重检的要求后，部门将毁灭所有载有受助者个人资料的实习记录。没有载有受助者个人资料的实习功课（例如导向报告、活动计划书等）将交还予学生。学生应同时毁灭自己保

存着的记录副本并清洗磁碟中有关的档案。

第三节 机构实习中常遇到的问题

一 来自学院的一些问题

1. 实习制度亟待建立

目前国内各院校在社会工作课程设置上尚未对实习安排达成一个较为一致的意见,实习在各院校的课程体系中所占比重也各不相同。社会工作实习是一个有目的、有计划的教学内容。在社会工作教育的起步阶段,以国际惯例为标准,建立各院校统一的实习教学大纲,以规范实习教学,保证专业训练的水准是非常重要的(马凤芝,1999)。

2. 缺乏必要的实习经费

在各院校对自身教育经费的分派中,社会工作实习的经费并没有得到特殊的保障。但是,社会工作专业对实习的重视和投入却使得这个专业的实习的开销是一笔不小的花费。实习在督导上的严格要求和大量投入,以及要求学生在实习中所应该进行的训练内容,都需要在经费上的投入。但目前的实际情况却令社会工作的实习组织工作在经费上捉襟见肘。

3. 社会工作实习中对专业成分的维护处于两难境地

实习教学是实现社会工作课程目标的主要途径。在社会工作实习过程中，教学者需要有计划地安排各种学习机会，使学生在实务工作情境中，一方面加深对专业理论知识的体会；另一方面在人格和行为上做有目标和方向上的改变，以便获得社会工作服务所需的原则和态度（Siproin，1982：176）。

从目前国内社会工作的整体发展状况来看，社会工作教育方面的发展已经处于一个上升的趋势，有上百家院校开设了社会工作专业。但是从社会工作实务的发展情况来看，确实面临着许多的问题，一些社会工作实务机构所从事的常常是一些准社会工作或是一些行政工作。目前社会工作专业发展的情况是，社会工作教育机构不得不过早地被迫向尚未孕育成熟的社会工作实务领域派出一批又一批的实习生，而许多被社会工作教育机构"锁定"的机构在还没有完全与各院校对社会工作专业达成共识的状态下就已经成为了社会工作实习的承担者。在这种背景下，社会工作教育机构在实习中对专业成分的维护通常是很困难的。

二　来自机构的一些问题

1. 机构对社会工作专业的接受与承认程度影响了机构社会工作实习的安排

机构对社会工作专业的态度反映到实习上常常会出现这样

一些误区。

①对专业忽视或无专业认同感的机构,常常对学院的实习要求采取消极的态度,视前来实习的学生为免费的人力资源,完全淡化学生的专业身份,使得学生无法在实习中有专业收获。

②对专业重视或认同感较高的机构,常常表现出对"专业人才"的期待,期望社会工作的学生能够在实习的过程中对机构的工作给与较大的帮助,或者是由于实习学生的到来为机构更多地注入专业的成分。这种态度更多的是强调学生在实习中的贡献作用,而忽略了社会工作实习的教育功能,同样无法达到实习教学的目的。

2. 机构自身缺乏社会工作专业成分

目前在国内纯粹由社会工作专业支持下的机构并不多见。实际承担社会工作实习的机构多为像民政、工(会)青(共青团)妇(联)、民间社会团体等。这些机构虽然没有将社会工作作为其机构发展的专业依托,但是这些机构在过去的发展过程中已经借助了多学科的支持,并积累了丰富的工作经验。但是,社会工作实习并不是一个简单的经验传递,它是对社会工作专业理论知识的一个结构化的过程。目前这些机构的从业者大都没有社会工作的教育背景,也未接受过社会工作的训练。这样的人员作为机构方面负责社会工作实习的督导者、组织者,势必影响社会工作专业实习的效果。一方面,机构无法主动参与到实习教学中去,对实习的安排也缺乏统一的规划;另一方面,机构方面很难提供较为合适的人选充当学生实习的督导,更谈不上协助学生整合课堂上所教授的理论到实际工作情境中去了。

3. 机构该在整个社会工作实习教育体系中扮演何种角色

反观港台地区的社会工作实习教育,一直以来对机构在社会工作实习教学中的承担是权利还是义务的问题存在着一些争论。在港台地区的社会工作专业发展的过程中,机构一直是较为积极地参与社会工作实习教学的工作。但是近年来,这种密切合作的关系已经越来越多地受到质疑和批评,双方在实习中的责任分担、机构对实习经费的质疑等问题都成为近年来争论的焦点。目前国内的社会工作教育机构和实习机构并没有就这样一些问题形成特别的争论,而实际的情况却是承担社会工作实习的机构还没有表现出充分的主动精神参与到实习教学中来。

三 来自学生的一些问题

1. 混乱的专业状态使学生在实习中陷入矛盾

社会工作专业发展的实际情况是,社会工作教育的发展已经先于社会工作实务的发展。社会工作教育在发展过程中虽然颇为强调本土化,但是从整个社会工作理论、价值观、技术等方面都带有很强的引进色彩,而目前大部分我们所承认的社会工作实务却多数是土生土长的,大部分机构(如民政、工青妇等）在社会工作专业植入国内以前就已经拥有了广阔的发展空间和深远的影响力。社会工作教育机构和实务机构两者在很大程度上还存在着彼此接受和承认的问题。虽然已经有了一些社会工作教育机构和实务机构成功合作的经验，但是也不乏两者不相兼容的例子。一些社会工作教育机构认为实务机构缺乏社会工作的理论依托，纯粹是一种"经验行事"的态度；而实务机构则指责社会工作教育机构只懂得"书本知识"，只是向学生传授各种概念和理论，根本不了解中国的实际情况。在这种混乱的专业发展状态中，社会工作专业的学生在课堂上所掌握的知识与在实习过程中所遭遇的情况有很大的差别和冲突。其结果不仅会使一些学生对专业的发展体验陷入矛盾，也会一定程度上动摇部分学生投身于社会工作专业的决心。

2．不同的专业承担态度也影响着学生的实习表现

由于社会工作专业在国内还处于萌芽状态，许多人对这个专业还不甚了解，许多社会工作专业（系）的学生在入学前对这个专业并无特别的了解，甚至很多学生是误报了这个专业。所以，在最初的专业学习过程中，许多学生还要经历一个在价值观上对这个专业的判断和接受的过程，并会随着这个过程的结束，表现出不同的对这个专业的承担态度。学生对社会工作专业不同的承担态度反映到实习中，通常会有这样一些态度和行为出现。

①"跃跃欲试"型——非常喜欢投身于社会工作专业,并期望能够在实习过程中实现自己在专业中的一些理想。

②"混水摸鱼"型——不喜欢社会工作,只是为了完成学分才进行实习。

③"犹豫不决"型——无法断定自己对这个专业的态度,实习的过程将作为自己进一步判断个人对这个专业的态度的依据。

④"学做分离"型——有些学生在进行了一段时间的专业学习后,明确地表示出对这个专业价值观的接受和喜爱,但是却不愿意将它作为自己的未来职业。表现在实习方面即是仅把实习过程作为自己的个人体验,或是干脆就向学院提出到另外的领域实习的要求。

3. 学生感觉到来自于专业的支持不足

这通常是由于以下几方面的原因造成的。

①学院负责实习督导的老师通常以社会工作理论见长,并无太多的社会工作实务和实习背景,对社会工作实务层面缺乏接触和了解。

②实习督导中的师生比过大,一位老师负责太多数量的学生实习,影响对每个学生督导的投入。

③机构中负责实习督导的老师大部分没有受过社会工作专业的训练,对社会工作缺乏了解。

附 录

附录1：社会工作实习各类表格

一 实习意愿初步调查表

学生实习意愿初步调查表

填表时间_____

1. 关于本调查表的说明
2. 请列出拟定实习的地区
   ①
   ②
   ③请简述上述选择的理由_____
   _____
3. 请列出拟定实习的机构

附　录

① _____
② _____
③请简述上述选择的理由_____
_____

班级_____　学号_____　填表人签名_____

二　实习学生资料表

实习学生资料表

填表日期：_____

姓名_____　性别_____　年龄_____　┌──────┐
　　　　　　　　　　　　　　　　　　　　│个　　│
学校_____　系_____　│人　　│
　　　　　　　　　　　　　　　　　　　　│照　　│
班级_____　联系电话_____　│片　　│
　　　　　　　　　　　　　　　　　　　　└──────┘
性格特点_____　特长_____

社会实践情况_____
_____

曾接受过何种社会工作训练_____
_____

曾学习的专业课程：□社会工作导论　　□个案工作
　　　　　　　　　□小组工作　　　　□社区工作
　　　　　　　　　□人类行为与社会环境
　　　　　　　　　□社会问题　　□社会福利与行政

☐_____　　☐_____
☐_____　　☐_____

自传：(同学可参考以下几方面的内容书写)

①家庭情况（个人状况简述、家人现状及相互关系、家人对你的重大影响等）

②成长经验（成长过程中的重大事件、做事态度观念的养成等）

③学习经验（对实习所做的准备：修课、社团经验、义工经验、专长等）

④对实习的期待（希望对自己的自我成长和专业成长方面的要求等）

三　学习契约

学习契约

实习生姓名_____　　班级_____　　学号_____

实习时间_____　　　　实习机构名称_____

学校实习督导老师姓名_____

学习契约

1. 学习目的

①学生希望学习到的范围

②学生希望探索的理论或工作方法

③导师评定学生的学习需要

④预期困难

2．个人及专业发展

①学生需要改善的地方

②学生仍可加强的优点

③功课

④事工、工作对象、介入手法的性质

⑤作业的分量

⑥特殊安排（如有的话）

⑦机构特别要求

3．督导

①时段、次数、形式

②学生的期望

③对导师的期望

④记录、报告等的种类、形式以及提交日期

4．评估

①中期及最后检讨的安排

②学生表现的评估基础

导师签名：_____   学生签名：_____   日期：_____

附录2：实习书写记录参考（引自香港城市大学社会科学学部"学生实习书写记录参考"）

一 书写个案面谈记录指引

书写个案面谈记录指引

基本资料

1. 案主姓名（只写代号，不应写上案主真实姓名）
2. 参与面谈人士（与案主关系）
3. 会面次数
4. 日期
5. 时间
6. 地点
7. 目的（如建立工作关系/了解困难/协助案主处理问题）

过程记录及分析

过程记录可以列表的形式记下面谈对话、工作员对案主情况的想法和感受、介入方法和技巧应用的原因等。可预留位置做督导评语

附 录

面谈过程	
1. 对话	
2. 非语言信息	
3. 案主情感	
4. 环境因素	

个案进展分析

(应运用课堂所学的理论和概念,分析案主的处境和问题、其个人及社会功能等)

1. 评估案主现时的处境

案主正面对哪些困难,这对案主有什么影响

案主采取什么方法解决问题?这些方法是否有效?这些做法本身是否有问题

2. 个案中主要人物的强处和弱点

分析案主个人的认知能力、对事情的洞察能力、应付问题的能力、对自己能力的信心、乐观程度、处理情绪的能力、人际关系技巧等

3. 资源及困难

哪些社会支持因素有利于解决问题

哪些因素会令问题难于解决

计划/建议
1. 跟进工作
2. 未来计划

个人反思

下列项目只作督导和学生个人学习所用（请用独立纸张书写）

分析案主情况，介入方法和技巧
1. 工作员对案主情况的想法和感受
2. 介入方法和技巧应用的原因

检讨
1. 目标成效
2. 介入方法和技巧
3. 工作员的强处和弱点

督导评语

二　书写个案转介及结案报告指引

书写个案转介及结案报告指引

基本资料
1. 案主姓名（只写代号，不应写上案主真实姓名）

附　录

2. 性别/年龄
3. 介入时间
4. 接触的种类和数目

接案资料
①个案来源和接案原因
②问题

介入目标

个案进展

检讨

建议

转介/结案原因

三　小组计划书形式

小组计划书形式

背后理念
①问题是什么

②问题有多广泛和严重？若不解决问题，会有哪些不良后果

③导致问题出现的因素

④解决问题的介入点

整体目标

具体目标

小组性质

介入策略

执行步骤

工作员角色和任务

小组成员（人数、年龄、性别和组合）

集会日期、时间和地点

附 录

招募方法

活动计划（初拟）
为小组活动的各节订立主题和目标

节数	主题	目标

对于最初数节，工作员需初拟较详细的计划

节数	目标	活动形式	所需物质准备

财政预算

人手安排

检讨方法

预期困难

参考资料/书籍

四 书写小组聚会过程报告指引

书写小组聚会过程报告指引

<u>基本资料</u>

1. 小组名称
2. 集合日期
3. 次数
4. 地点
5. 出/缺席成员（只写代号，不应写上案主真实姓名）
6. 本节目标
7. 集会前的准备工作
8. 集会前发生的特别事项（若有的话，应予记录）
9. 本节检讨：集会的目标是否达成
10. 下节集会计划

<u>小组历程/摘要</u>

历程内容/摘要

<u>个人反思</u>

附 录

下列项目只作督导和学生个人学习所用（请用独立纸张书写）

工作员介入/感受

指出：
1. 工作员对组员表现或小组情况的理解
2. 工作员对事件的感受
3. 工作员所用的技巧及其原因

分析

1. 小组互动情况

- 出席情况——出席率
- 组员参与
- 小组气氛
- 凝聚力
- 成员间沟通
- 次小组
- 规范
- 领导角色
- 决策机会、冲突和问题处理
- 小组发展阶段
- 个别组员表现

在书写上述各项时，应留意：

- 指出小组上述的特性
- 指出这反映出小组是进展中还是存有问题

- 分析这些现象对小组有哪些影响
- 说明组员和工作员对这些现象有何反应

2. 活动程序设计、准备和执行的检讨
- 活动的设计是否有助达成本节的目标
- 活动的控制来源、规限程度、互动程度、能力要求、走动程度和奖励机构，是否配合小组的发展阶段

3. 工作员自我评估
- 一般表现和介入技巧、工作员的体会和学习

4. 困难和建议
- 困难及处理
- 跟进事项

5. 督导意见

五 社区探索报告大纲（一般工作环境合用）

社区探索报告大纲（一般工作环境合用）

同学可在导师指导下，按机构特性决定以"机构"、"服务"或"服务对象"作为书写的重点。字数限制为3000字

背景资料

1. 社区背景及历史：如发展历史、居民来源及流动，过往发生过的重要事件或社区问题等

2. 社区环境：如地理位置、附近环境、社区设施、交通、房屋类型等

3. 居民/服务对象特征：如人口、年龄、组合、家庭人数、就业状况、收入水平、教育程度，居民社会网络状况

4. 与受助对象有关的社会服务：如服务单位数目及类别、服务范围、人手编制、服务名额、服务需求，短缺或过剩情况、服务机构/单位之间的关系

社区需要分析

1. 社区现存问题，居民的需要，居民对社会服务的需求，总结探索结果

2. 对工作的启示：需要增加哪些服务？服务提供方式是否有改变的需要

机构及服务单位情况

1. 机构简介：宗旨、历史、组织架构、人手编制、服务类别、财政来源、困难等

2. 服务单位简介：服务类型、目标、服务内容、重点、人手编制、手法、会员/服务对象人数及特征、推行服务现存的困难

3. 服务对象的需要：服务对象的行为模式和生活习惯、他们所表达的问题和需要

服务单位的分析
1. 对服务的目标、重点和手法的感想
2. 就对象的需要，讨论服务的提供和提出建议

附录

如探访机构/人士名单、各机构介绍单张、资料来源、地图、相片、人口资料

（书写这些报告时，务必要具分析性，不应单纯叙述事实）

六　工作日志

工作日志

1. 事情经过
2. 工作员的介入
3. 工作员介入的反思

七　社区研习报告（适用于社区工作）

社区研习报告（适用于社区工作）

以下格式适用于社区工作的实习。字数限制为4500字

社区的历史

1. 社区的历史是怎样？其由来、变迁和发展是怎样

2. 居民的迁徙情况如何？住在社区有多久
3. 过去社区发生过什么大事或问题
4. 居民组织起来，争取改善社区的经验如何

社区的环境
1. 社区的地理界限和位置如何
2. 社区周围或附近的环境怎样
- 街道、社区设施及房屋的分布如何
- 社区内土地运用的比例怎样
- 一般大厦的外貌、保养、维修情形是怎样
- 有什么社区或公共设施提供给居民使用

居民的特性
1. 居民人口的基本资料：包括人数、结构、性别、年纪、教育程度、职业及收入等
2. 居民对社区服务有何需要？居民对使用社区服务的态度及模式是怎样
3. 居民对参与社区的态度及情况如何？他们对集体行动、社区领袖及妇女参与社区事务有何看法
4. 居民间的社会网络及邻舍关系如何

社区的团体

1. 在社区提供服务的团体和组织的情况如何？数目有多少？分布如何？提供服务的种类是怎样

2. 社区不同的团体可发挥怎样的功能（例如：社会控制、社教化、社区参与、社会支持、经济上的生产、分配和消耗）？团体和团体间的关系又如何

权力的动态

1. 社区内的消息如何传递？社区内的民意如何形成？谁是社区内的民意领袖？他有什么影响力

2. 社区内的权利和影响如何？谁在社区内最有权力？他的背景怎样？权力的基础何在？权力的合法性在哪？他们在哪方面有影响力？居民对他们的观感怎样

社区的问题

1. 居民对社区有何不满？不满的程度有多大

2. 哪些社区事件及问题是急于要解决的

3. 居民相信可以解决吗？居民觉得可以怎样解决面对的社区问题和事件

社区研习如何带出未来工作计划

八 工作计划（适用于社区工作实习）

工作计划（适用于社区工作实习）

1. 推行工作的性质
2. 工作的理念
3. 工作的目标
4. 工作的过程及时间表
5. 工作的介入方向、策略、事工、活动及程序
6. 工作员介入的角色
7. 所需的资源：包括人力、物力及财力
8. 与其他机构合作的过程
9. 预期的困难和解决方法
10. 检讨的方法和指标

九 社区事件/活动/计划/事工的进度报告

社区事件/活动/计划/事工的进度报告

1. 准备工作
2. 实行情况和进展
3. 跟进行动或建议

十 社区事件/活动/计划/事工的阶段检讨报告

社区事件/活动/计划/事工的阶段检讨报告

1. 简介工作进行情况

2. 目标达成的情况

3. 策略及方法运用情况

4. 程序的安排

5. 人手及资源的使用

6. 理论与实践的结合

7. 工作员的角色评估

8. 跟进行动及建议

十一　与团体开会的记录

与团体开会的记录

1. 日期

2. 时间

3. 地点

4. 出席

5. 主席

6. 记录

7. 缺席

8. 请假

9. 通过会议记录

10. 引申事项

11. 报告/讨论/决定事项

12. 跟进行动

13. 下次开会日期、时间（及讨论内容）

十二　社区工作家访报告

社区工作家访报告

1. 日期
2. 时间
3. 姓名
4. 地址
5. 接触的人物
6. 家访目的
7. 谈话内容重点
8. 曾触及的问题及事情
9. 评估被访者的
   - 对社区及资源的认识
   - 对社区的归属感
   - 参与的动机
   - 成为社区领袖的意愿
   - 有何特别才能或技巧
   - 社交网络
10. 整体的意见及评论
11. 跟进行动或建议

参考书目

1. 曾华源著:《社会工作实习教学——原理与实务》,台湾师大书苑,1995。
2. 曾华源著:《社会工作实习教学——理论、实务与研究》,台湾五南图书出版公司,1987。
3. 台湾东海大学社会工作学系编:《社会工作实习教育与教学方法研讨会手册》,1998。
4. 台湾中兴大学法商学院和台北夜间部编:《社会工作实习教育研讨会实录》,1996。
5.《社会工作实习督导老师研讨会记录手册》,台湾台南神学院教会社会服务系1980~1986学年度。
6. 高雄市社会局编印:《高雄市社会工作督导员训练专辑》,1983。

7. 香港城市大学社会科学部编印：《香港城市大学社会科学部社会工作文凭课程学生实习书写记录参考》，1999。

8. 王思斌主编：《社会工作概论》，高等教育出版社，1999。

9. 孙立亚编著：《社会工作导论》，财经出版社，1999。

10. 马凤芝：《中国社会工作实习教学的模式与选择——北京大学社会工作实习教学的尝试》，载《高等教育论坛》1996年第1期。

11. 中国社会工作教育协会编：《反思·选择·发展——1999年社会工作教育专刊》，1999。

12. 中国和平出版社：《发展·探索·本土化——华人社区社会工作教育发展研讨会论文集》，1996。

后 记

社会工作实习教学,是国内社会工作专业教育中较为薄弱的一个环节。之所以薄弱,一是因为社会上缺乏相关的社会工作专业机构以供学生实习;二是缺乏有专业背景的教师和机构人员进行督导;三是缺乏社会工作实习教程提供参考。

经过十多年的社会工作专业和专业教育的发展,前两个问题已经有所改观:一些院校与社会福利服务机构合作,已经建立了一批社会工作实习基地;一批国内外培养的社会工作专业人士,充实到社会工作教育岗位上,实习督导的力量也有所加强。惟有第三个问题,即社会工作实习教程的缺乏状况,始终没有得到改观。

中国青年政治学院社会工作与管理系将实习教程作为组成部分列入编写计划,就是为了改变现有状况,为国内各院校社会工作实习教学提供一可资参考的教材。

因为是首次编写此类教材,又没有足够的资料可资参考,

后　记

所以编写工作的艰难可想而知。所幸的是，台湾东海大学曾华源教授对教材编写给予大力支持，把他多年从事社会工作专业教育过程中积累的资料奉献出来以帮助实习教材的编写。香港城市大学的罗观翠博士也为教材编写提供了帮助。值此教材出版之机会，向曾教授和罗博士表示敬意和感谢。

本教材由史柏年策划；史柏年撰写第一、二、三、四章；侯欣撰写第五、六、七章；史柏年做最后统稿和修改。

作　者

2002 年 11 月 28 日

相关链接　　相关链接　　相关链接　　相关链接

中国社会工作研究 1

王思斌 编著
2003年1月出版
25.00元

中国社会工作教育协会推出的中国社会工作研究专业论丛。作者均系长期从事社会工作研究、实践的专家学者，在社会工作领域有很高的知名度。

劳动与就业

宋林飞 编著
2002年7月出版
29.00元

既有对劳动、就业、择业、创业等问题进行的理论阐述，又有国内外关于劳动、就业等问题的相关政策的介绍，还有关于劳动、就业、择业、创业中一些技术、技巧性问题的叙述。

物业管理

宋林飞 主编
2002年7月出版
22.00元

对物业管理的理论发展、实物运作及其相关资料分析一一予以铺展，客观地描述了物业管理的发展现状、存在问题，并援引新加坡与日本等国的物业管理模式作为域外借鉴，探讨中国物业管理企业发展的最佳方案。

相关链接　　相关链接　　　相关链接　　　相关链接

社会福利思想

陈红霞 著
2002年7月出版
19.00元

　　本书以各个历史时期代表性人物、代表性学派为线索，根据社会发展的历史时期，分述古代、中世纪、近代和现当代的主要社会福利思想产生、发展、演变的过程。

社会政策与法规

宋林飞 主编
2002年7月出版
28.00元

　　全面地总结分析社会政策与法规的各种基本问题，了解社会政策与法规的运行过程与运行机制，回顾我国各项社会政策与法规的制订与实施状况，为更好地适应市场经济条件下社会工作的转轨从理论上做了极好的铺垫。

团体社会工作

范正新　肖萍 编著
2001年5月出版
25.00元

　　介绍了团体社会工作的意义、起源和发展，以及它所凭借的理论基础；说明了团体的结构、过程和发展，论及团体社会工作的整个过程，介绍了团体工作的实施模型，整体筹划，以及各个不同实施阶段的原则和特点，具体介绍了团体社会工作实施的各种方法和特技。

社会工作实习

·社会工作系列教程·

主　　编／史柏年　罗观翠
编　　著／史柏年　侯　欣

出 版 人／谢寿光
出 版 者／社会科学文献出版社
地　　址／北京市东城区先晓胡同 10 号
邮政编码／100005
网　　址／http://www.ssdph.com.cn
责任部门／皮书事业部
　　　　　(010)85117872
项目经理／范广伟
责任编辑／田　田
文稿编辑／富中杰
责任校对／邵鸣军
责任印制／同　非

总 经 销／社会科学文献出版社发行部
　　　　　(010)65139961　65139963
经　　销／各地书店
读者服务／客户服务中心
　　　　　(010)65285539
法律顾问／北京建元律师事务所
排　　版／东远先行彩色图文中心
印　　刷／北京增富印刷有限责任公司

开　　本／850×1168 毫米　1/32 开
印　　张／8.75
字　　数／153 千字
版　　次／2003 年 12 月第 1 版
印　　次／2003 年 12 月第 1 次印刷

书　　号／ISBN 7 - 80190 - 071 - 5／D·024
定　　价／18.00 元

本书如有破损、缺页、装订错误，
请与本社客户服务中心联系更换

版权所有　翻印必究

读者反馈卡

尊敬的读者：

谢谢您对社会科学文献版图书的惠爱。为了给您提供更好的服务，恳请您不吝赐教，填好下表后寄回我社。您将免费得到我社定期寄送的新书书目《阅读引擎》及相关礼品。

地址： 北京市东城区先晓胡同 10 号

社会科学文献出版社　网络出版中心

邮编： 100005

网址： www.ssdph.com.cn

E-mail: ssdph@ssdph.com.cn

电话： (010) 85111313/85111117-235

传真： (010)65230106

您的资料

姓名：_____　　职业：_____

年龄：_____　　性别：□男 □女

地址：_____ 邮政编码：□□□□□□

电话：_____　　电子信箱 (E-mail)：_____

读者反馈卡

- **所购书名：**_____
- **购书地点（书店）：**_____
- **购书日期：**_____年___月___日
- **您购买本书的动机？**_____

  ☐ 封面吸引　　☐ 书名吸引　　☐ 内容题材

  ☐ 作者知名度　☐ 广告促销　　☐ 其他_____

- **您从哪里得知本书信息？**

  ☐ 在书店偶然碰到　　☐ 报刊书评或书介　　☐ 广告

  ☐ 亲友推荐　　☐ 书目介绍　　☐ 其他_____

- **您通常以哪种方式购买图书？**

  ☐ 书店　☐ 书摊　☐ 网上书店　☐ 邮购　☐ 书市

  ☐ 本社图书展销厅　☐ 超市或机场

- **您认为本社的产品和服务需要在哪些方面进行改进？**

  ☐ 选题　☐ 封面　☐ 购书便利　☐ 信息的有效送达